축구에 관한 모든 것

7 유럽 챔피언스리그

축구에 관한 모든 것 시리즈
7 유럽 챔피언스리그

초판 1쇄 발행 _ 2013년 05월 20일
지은이 _ 이도희
펴낸이 _ 김명석
편집인 _ 김영세
그　림 _ 김교민
마케팅 _ 김미영
제작인쇄 _ 정문사
펴낸곳 _ 도서출판 엘티에스 출판부 "사람들"
등　록 _ 제2011-78호
주　소 _ 서울시 관악구 신림동 103-117번지 5F
전　화 _ 02-587-8607
팩　스 _ 02-876-8607
블로그 _ http://blog.daum.net/ltslaw
이메일 _ ltslaw@hanmail.net

* 이 책의 판권은 지은이와
  도서출판 엘티에스 출판부 "사람들"에 있습니다.
  양측의 서면 동의 없는 무단전재 및 복제를 금합니다.
* 저자와의 협의하에 인지는 생략합니다.
* 축구에 관한 모든 것 시리즈(전50권)는
  2014년 6월 브라질 월드컵 전후로 완간할 계획입니다.
* 축구에 남다른 열정을 가진 분이라면 누구나
  이 시리즈의 저자가 될 수 있습니다.

ⓒ 2013
저자 이메일 dlehgml9347@naver.com
ISBN 978-89-97653-37-9　14690
정가 10,000원

Series
07

축구에 관한 모든것

07 유럽챔피언스리그

이도희 저

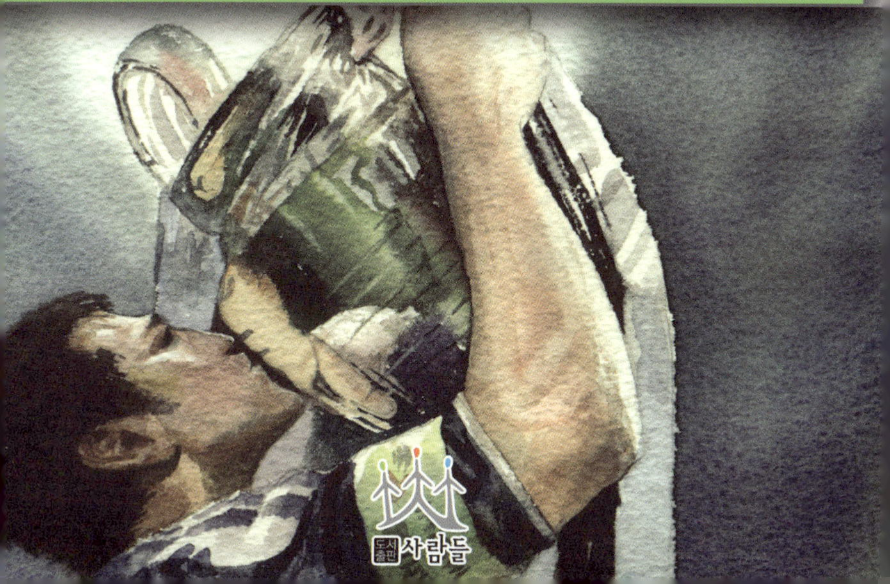

도서출판 사람들

차 례

[서문] "축구의 모든 것을 담은 유럽 챔피언스리그"

제1장 유럽 챔피언스리그 총정리 13

1. 유럽 챔피언스리그란? ···13
2. 탄생 배경 ··14
3. 참가 자격 ··16
4. 까다로운 규칙 ···19
5. 유럽 축구 연맹(UEFA) ··23
6. 우승 트로피 ···24
7. 우승팀이 누리는 혜택 ···25
8. 재미있는 징크스들! ···28
9. 불미스러운 사건들 ··32

제2장 챔스리그로 보는 유럽 최고 팀들 39

1. 유럽을 지배했던 공격축구, '저승사자군단' 레알 마드리드 ········39
2. 카테나치오를 집대성한 에레라, 그리고 인터밀란 ···················46
3. 축구혁명, 아약스의 토탈 풋볼 ·······································56
4. 밥 페이즐리와 케니 달글리시의 유럽 정복기 ······················67
5. 축구의 진화, 골든 제네레이션! 사키의 AC밀란 ····················73
6. 무적이란 단어가 가장 잘 어울렸던 팀. 무리뉴의 첼시 ···········81
7. 역대 최강의 팀? 펩의 바르셀로나 ···································97
8. 독일의 시대를 연 데어 클라시커 ·····································107

제3장 유럽 챔피언스리그를 빛낸 최고의 선수 10人　　121

1. 공격만 잘하는 게 아니야! 알프레도 디 스테파뇨 ·················121
2. 헝가리와 레알 마드리드의 전설, 푸스카스 ·················129
3. 유러피언 컵 레전드, 프란시스코 헨토 ·················137
4. 레전드 오브 레전드, '카이저' 베켄바우어 ·················139
5. '전술이 통하지 않는 존재' 게르트 뮐러 ·················144
6. '가려진 천재' 루드 굴리트 ·················148
7. '수비의 교과서' 파올로 말디니 ·················153
8. 레알 마드리드 최고의 주장, 라울 곤잘레스 ·················160
9. 검은 예수? 드록신! 디디에 드로그바 ·················165
10. 이 시대의 슈퍼 플레이어, 리오넬 메시 ·················169

제4장 명승부전　　179

1. 2011/2012 유럽 챔피언스리그 16강 2차전 첼시 vs 나폴리 ·················179
2. 2008/2009 유럽 챔피언스리그 8강 2차전 첼시 VS 리버풀 ·················184
3. 1998/1999 챔스리그 결승전 맨유 vs 바이에른 뮌헨 ·················189
4. 2002/2003 챔스리그 8강 2차전 맨유 vs 레알 마드리드 ·················194
5. 2004/2005 유럽 챔피언스리그 결승전 AC밀란 VS 리버풀 ·················198

부록. 유럽챔피언스 리그의 각종 기록　　207

1. 역대 챔피언스리그 결승전 ·················207
2. 최다 우승팀 ·················214
3. 우승팀 배출 국가 ·················214
4. 최다 출장 순위 ·················215
5. 100경기 이상 출장 선수(UEFA 기타 컵대회 포함) ·················215
6. 원 클럽 출장 선수 ·················216
7. 득점순위 ·················216
8. 역대 팀 순위 ·················217

9. 득점왕(92/93 유럽 챔피언스리그 개편 이후) ·················218
10. 감독 성적 ·················219
11. 2012-2013 유럽 챔피언스리그 참가팀 ·················220
12. 2012-2013 유럽 챔피언스리그 결과 ·················222
13. 기타기록 ·················226
14. Q & A ·················227

> 필자
> 서문

"축구의 모든 것을 담은 유럽 챔피언스리그"

 2000년대 초반부터 대한민국에 중계된 유럽 챔피언스리그. 그 후 유럽 챔피언스리그는 대한민국 축구팬들의 새벽잠을 깨웠고, 지치고 힘든 몸을 일으켜 시청할 정도로 유럽 챔피언스리그의 재미는 남달랐다.
 우리의 새벽잠을 깨웠던 유럽 챔피언스리그의 매력은 무엇이었까?

 여러 가지 이유가 있겠지만 그 이유중의 하나는 유럽 챔피언스리그에는 축구의 모든 것이 담겨있기 때문이라 생각된다. 최근 현대 축구의 흐름을 선도하고 있는 스페인 축구, 축구의 종주국 잉글랜드 축구, 이탈리아의 다양한 전략, 힘좋은 독일축구, 다소 낯선 동유럽 축구, 네덜란드의 토탈풋볼, 그리고 다양한 구단들의 단단한 수비축구, 화려한 공격축구, 매력있는 철퇴축구, 최고의 축구선수들, 새로운 슈퍼스타, 익숙하지 않았던 다른 리그의 선수들, 뛰어난 지략가들, 수많은 플래쉬, 열광적인 팬들, 몰아붙이는 언론들, 최고의 개인기, 환상적인 슈퍼세이브와 골, 돌아가신 어머니를 향한 골 세레머니, 옛 제자와 스승의 만남 같은 수많은 비하인드 스토리, 최고의 팀들의 대결, 치열한 라이벌들의 대결, 이변 그리고 기적. 축구의 모든 것이 유럽 챔피언스리그에 고스란히 담겨져 있다. 이러한 이유들로 인해 우리는 유럽 챔피언스리그에 열광한다.

'축구에 관한 모든 것' 시리즈 중에서 이번 편에서는 유럽 챔피언스리그를 주제로 이야기를 해보고자 한다. 유럽 챔피언스리그는 어떠한 방식으로 경기가 진행되고 어떠한 배경으로 탄생하였는지, 어떻게 진화해 왔는지. 그리고 유럽 챔피언스리그를 지배해 왔고 더불어 세계 축구를 지배했던 최고의 팀들과 선수들은 어떤 축구를 구사했는지, 최고의 팀들이 어떠한 명승부를 연출했는지를 이 책에서 풀어보고자 한다. 비록 이 책 한권으로 유럽 챔피언스리그의 모두를 담아내기엔 부족하지만, 유럽 챔피언스리그의 배경과 경기방식, 최고의 팀들을 이해하는데 있어 자그마한 도움이 되었으면 하는 바람이다.

부족한 필자에게 기회를 준 출판사 대표님, 포메이션 자료를 도와주신 이종길님, 축구에 대한 폭넓은 지식을 가진 리에르세님, 멘토 김영식 기자님께 감사의 말씀을 드린다. 무엇보다 이 책을 읽어준 독자들에게 감사의 말씀을 드리며 필자가 느낀 유럽 챔피언스리그의 치명적인 매력이 독자들에게 고스란히 전해졌으면 한다.

제1장
유럽 챔피언스리그 총정리

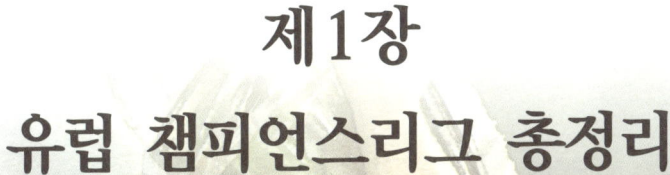

제1장 유럽 챔피언스리그 총정리

1. 유럽 챔피언스리그란?

유럽 챔피언스리그의 공식 명칭은 'UEFA 챔피언스리그'로, UEFA(Union of European Football Association, 유럽축구연맹)가 주관하는 클럽 축구 대항전이다. 유럽 챔피언스

리그는 유럽 각국의 프로축구 리그 상위권 팀들이 참가하여 최강의 축구 클럽을 가리는 유럽 최고의 축구 대회라 할 수 있다. 또한 이 대회는 '별들의 전쟁'이라는 수식어가 붙을 정도로 수많은 유명 축구스타들이 참여하기 때문에 시청자 입장에서도 수준 높은 축구 경기를 지켜볼 수 있는 대회로 손꼽힌다.

2. 탄생 배경

유럽 챔피언스리그의 전신인 '유러피언 컵'은 1955년 3월 2일 비엔나에서 유럽축구연맹의 첫 회의가 열리고 한 달 뒤에 시작됐지만, 놀랍게도 그 대회의 주체는 유럽축구연맹이 아니었다고 한다. 그럼 도대체 누가 유럽 챔피언스리그의 시작을 함께 한 것일까?

유럽 챔피언스리그의 전신, 유러피언 컵의 기틀이 마련된 때를 찾기 위해선 유럽축구연맹이 설립되기도 전인 2차 세계대전 이전 시기로 거슬러 올라가야 한다. 당시의 유럽 축구계가 국가주의적 이념에 몰입되자 파리 레이싱 클럽의 회장 〈장 베르나르 레비〉는 각국 리그마다 다른 나라 클럽을 2개 팀씩 편입시키는 것이 어떻겠냐는 제안을 한다. 비록 그 제안은 받아들여지지는 않았지만, 이는 유럽 축구 전체를 아우르는 대회가 필요하다는 의견들이 하나 둘 수면 위로 부상하는 계기가 되었다. 그러한 의견들은 2차 세계대전의 피해가 조금씩 회복되고 유럽축구연맹이 창설되자 더욱 힘을 얻는 듯 했다.

하지만 그때까지도 유럽축구연맹 회원국들은 클럽들 간의 대항전보다는 국가 대항전에 더 몰입해 있었다. 이에 유럽축구연맹에서는 감소하는 클럽대항전에 대한 관심에 반전을 일으킬만한 방안들을 강구해 나갔다. 당시 프랑스 축구 일간지 '레퀴프'의 편집자인 가브리엘 아노가 제안한 '유럽 전역을 망라한 클럽 대항전' 역시 그 중 하나였다. 그는 그의 동료인 자크 페랑과 함께 이 대회의 규정을 하나하나 정해나갔다. 토너먼트 방식, 수요일 야간이라는 경기 시간, 홈 앤드 어웨이로 총 두 번의 경기를 치러 더 많은 승점(혹은 득점)을 얻은 팀에게 다음 라운드의 진출권을 부여하는 방식 등이 지금까지도 동일하게 적용된 규정들이다.

제 1회 대회에서는 참가할 수 있는 팀의 자격을 각국 리그의 우승팀으로 제한하지 않고 당시 유럽에서 많은 팬을 보유하고 있었던 팀들과 축구팬들이 좋아할만한 팀들로 초청 클럽 명단을 작성했다. 그렇게 초청된 16개 클럽의 대표자들이 1955년 4월 2일부터 이틀 동안 모임을 가졌고, 레퀴프가 제안한 대회 규정을 만장일치로 승인했다. 이렇게 레퀴프와 가브리엘 아노가 동분서주 움직인 결과, 1955년 챔피언스리그의 전신인 유러피언 컵이 탄생하게 된다.

초대 대회 이후부터 이 유러피언 컵에 출전할 수 있는 클럽은 오직 각국의 국내 리그의 우승 팀들과 유러피언 컵을 보유한 팀뿐이었다. 말 그대로 유럽의 챔피언 클럽들만이 모이는 대회였던 것이다. 이러한 대회 출전 자격과 토너먼

트로 진행되는 대회 방식은 오랜 시간 지속되었다. 하지만 1992년을 기점으로 이 대회는 큰 변화를 맞이하게 된다. 유럽축구연맹에서 1992/1993 시즌부터 조별리그제를 도입했을 뿐만 아니라 대회의 명칭 역시 유러피언 컵에서 '유럽 챔피언스리그'로 변경된 것이다.

3. 참가 자격

유럽 챔피언스리그는 UEFA소속 협회(자국 리그가 없는 리히텐슈타인은 제외) 52개국의 모든 축구팀들 중 76개의 팀만이 참가할 수 있는 대회이다. 협회들은 'UEFA 계수'에 따라 차등적으로 유럽 챔피언스리그 출전권을 배정받는다.

UEFA 계수란 유럽 축구에서 클럽과 국제 경기의 순위와 시드를 배정하는데 사용되는 통계인데 UEFA에 의해 산정된다. UEFA 계수는 '국가대표 계수'와 각국 '리그 계수', '클럽 계수' 3가지로 나누어져 있는데 유럽 챔피언스리그에 사용되는 계수는 각국 리그 계수와 클럽 계수이다. 리그 계수는 해당 협회에 소속된 클럽들이 몇 팀이나 유럽 챔피언스리그에 출전하게 되느냐와 어느 위치(1차 예선~유럽 챔피언스리그 조별예선)에서 대회를 시작하게 되느냐에 영향을 미친다. 그리고 클럽 계수는 그 축구 클럽이 조별예선 중 시드를 배정받을 때 사용된다.

점수 집계 방식은 분야에 따라 다르다. 국가대표 계수에서는 이기면 3점 비기면 1점이 올라가지만, 각국 리그 계수와 축구 클럽 계수는 이기면 2점 비기면 1점의 점수를 부여한다. 또한 각 팀이 정해진 단계에 진출할 때마다 보너스 포인트를 지급하기도 한다. 현재 유럽 챔피언스리그는 UEFA 계수에 따라 아래와 같이 출전권을 배분한다.

1~3위의 협회	각 4장
4~6위의 협회	각 3장
7~15위의 협회	각 2장
16~53위의 협회	각 1팀

(단, 자국리그가 없는 리히텐슈타인은 제외된다.)

그리고 해당 시즌 챔피언스리그 우승팀에게는 무조건 차기 시즌 챔피언스리그 본선(조별 리그) 출전권이 주어진다. 이와 관련하여 재밌는 사례가 있는데 유럽 챔피언스리그 우승팀은 보통 리그에서도 좋은 성적을 거둬 다음 시즌에도 각 협회에서 주는 유럽 챔피언스리그 출전권을 획득하지만 2004/2005 시즌 유럽 챔피언스리그 챔피언 리버풀은 리그에서 4위 밖의 성적(그 당시 잉글랜드는 1~3위 협회에 기록되면서 4장의 출전권을 받았다)을 거두면서 그 당시 리그 4위를 기록했던 에버튼과 5위를 기록한 리버풀 모두 유럽 챔피언스리그 예선에 참가하는 이례적인 일이 있었다. 그 이후, 유럽 챔피언스리그 출전권은 어떤 일이 있어도 각 협회당 최대 4장을 넘어선 안 된다는 여론이 일었고, 해당 규정이 명문화(明文化)되었다. 그 결과, 2011/2012시즌 잉글리시

프리미어리그(EPL)에서 6위를 기록한 첼시가 해당 시즌 유럽 챔피언스리그에서 우승하면서 같은 시즌 EPL 4위를 기록한 토트넘은 차기 시즌 챔피언스리그 진출권을 첼시에게 넘겨주고 자신들은 유로파리그 출전권에 만족해야만 하는 사례가 생겨나기도 했다.

챔피언스리그에 출전하게 된 클럽들은 UEFA계수에 따라 아래와 같은 단계에서부터 첫 경기를 시작하게 된다.

	본 라운드로 진출하는 팀의 수	이전 라운드에서 승격되는 팀의 수
1차 예선전 (6개의 팀)	48~53위 협회의 6개의 우승 팀	
2차 예선전 (34개의 팀)	16~47위 협회의 31개의 우승 팀 (리히텐슈타인 제외)	이전 라운드에서 승리한 3개의 팀
3차 예선전 (우승팀 20개 팀)	13~15위 협회의 3개 우승팀	이전 라운드에서 승리한 17개의 팀
3차 예선전 (비우승팀 8개 팀)	8~15위 협회의 8개 준우승팀	
플레이 오프 (우승팀 10개 팀)		우승팀 자격의 3차 예선에서 승리한 10개의 팀
플레이 오프 (비 우승팀 10개 팀)	7위 협회의 1개 준우승팀 4~6위 협회의 3개 3위 팀 1~3위 협회의 2개 4위 팀	비 우승팀 자격의 3차 예선에서 승리한 4개의 팀
조별리그 팀	전 대회 우승팀 1~12위 협회의 12개의 우승 팀 1~6위 협회의 6개의 준우승 팀 1~3위 협회의 3개의 3위 팀	

위와 같이 조별리그에 참여할 32개 팀이 구성되고, 그 이후 추첨을 통해 조(각 조당 4팀씩 8개조)를 이룬 뒤 팀들 간 홈 앤드 어웨이 방식으로 각각 6경기씩을 치른다. 이 조별리그에 결과에 따라 조 1,2위는 유럽 챔피언스리그 16강 진출권을 획득하고, 조3위는 유로파리그에 참가하게 된다.

또한 유럽 챔피언스리그에 참가하려는 클럽은 스포츠 기준과 더불어, 자국의 협회로부터 허가를 받아야만 한다. 허가를 획득하려면 경기장, 인프라, 재정 등의 요건을 충족해야만 한다. 물론 선수 엔트리에 있는 규칙 또한 지켜야 한다.

4. 까다로운 규칙

유럽 챔피언스리그는 월드컵, 잉글랜드 프리미어리그, 스페인 프리메라리가 등의 다른 리그나 컵 대회의 규칙과 차별되는 점이 많아, 축구팬들이 이 대회를 마음껏 즐기는데 이따금 걸림돌이 되기도 한다.

유럽 챔피언스리그 25人 로스터

유럽 챔피언스리그에는 25人 로스터가 존재한다. 이는 유럽 챔피언스리그 출전 선수 명단으로 로스터에 등록되지 못한 선수는 유럽 챔피언스리그에 출전할 수 없다.

25人 로스터 작성 시 규정

1) 최소 15명 ~ 최대 25명
2) 구단에서 2년 이상 소속되었고 명단 제출년도를 기준으로 20세 이하 선수는 등록하지 않아도 출전이 가능하다.
3) 15세부터 21세 사이에 3년 이상 현 소속팀에서 훈련받은 선수가 최소 4명이 로스터에 등록되어야 한다.
4) 15세부터 21세 사이에 3년 이상 현 소속팀의 국가에서 훈련받은 선수가 최소 8명이 로스터에 등록되어야 한다.
5) 다른 팀 소속으로 유럽 챔피언스리그 경기에 출전했던 선수는 로스터에 등록될 수 없다.

원정 다득점 원칙

원정 다득점(away goal rule)이란 축구 등의 스포츠에서 홈과 어웨이로 두 번 경기를 하였을 때 승점과 골득실이 같을 경우 승부를 가리는 방식이다. 원정 다득점에 의하면 해당 팀 간의 승점과 골득실이 같은 경우 원정에서 더 많은 득점을 한 팀이 승리한다. 때로는 원정 골이 두 배로 계산된다고 하여 '어웨이골 더블'이라 불리기도 한다. 원정 다득점의 방식은 3가지가 있을 수 있으며 그 적용은 대회마다 다르다.

① 홈 앤드 어웨이의 정규 시간 경기(90분 게임)에만 적용

1, 2차전 정규 경기 종료 후에도 승점과 골득실이 같다면 원정 다득점 규칙을 적용하고 그래도 판가름할 수 없다면 연장전을 치른다. 하지만 연장전에는 원정 다득점 규칙을 적용하지 아니한다.

② **연장전에만 적용** 1, 2차전 정규 경기 종료 후 승점과 골득실이 같다면 원정골의 다득점과는 무관하게 연장전을 실시한다. 연장전 종료 후에도 승부를 내지 못하면 그때 가서야 원정 다득점 규칙을 적용한다.

③ **본 경기 및 추가 시간에 모두 적용** 1, 2차전 정규 경기 종료 후 승점과 골득실이 같은 경우 원정 다득점으로 승자를 가린다. 승자를 가리지 못한 경우에 연장전이 진행되고 연장 종료 후에도 승부를 가리지 못하면 원정 다득점으로 승부를 가린다. 예를 들어, 연장전에서 홈팀이 1골을 실점한다면 2골 이상을 넣어야 이길 수 있는 셈이다.

현재 UEFA 챔피언스리그는 위 ③번 방식을 채택하여 1, 2차전과 연장 전·후반 모두에 원정 다득점 원칙을 적용하고 있다.

> **ex 1** 16강 1차전 : 벤피카(홈) 1 vs 1 맨체스터유나이티드
> 16강 2차전 : 벤피카   2 vs 2 맨체스터유나이티드(홈)
> = 벤피카 8강 진출
>
> **ex 1** 16강 1차전 : 맨체스터유나이티드(홈) 1 vs 1 벤피카
> 16강 2차전 : 맨체스터유나이티드   1 vs 1 벤피카 (홈)
> 연장전 경기 후 : 2 vs 2
> = 맨체스터유나이티드 8강 진출

조별리그 승점 동률 상황에서 순위 정하는 법

유럽 챔피언스리그 32강 본선 조별리그에서는 승점이 동률이 나오는 상황이 종종 나온다. 하지만 챔피언스리그는 월드컵과 잉글랜드 프리미어리그와는 다르게 승점 동률 상황에서 조별리그 내에서의 득실차가 16강 진출의 우선적인 순위가 아니다. 유럽 챔피언스리그 32강 본선 조별리그에서는 승점이 같은 팀끼리의 승자승(상대전적), 골득실, 원정다득점이 우선순위가 된다. 만약 승점이 같은 팀끼리의 승자승(상대전적), 골득실, 원정다득점이 모두 같다면 조별리그 내에서의 골득실, 다득점 순으로 순위를 정한다.

경고 누적과 징계

유럽 챔피언스리그 조별리그는 각기 다른 3번의 경기에서 3번 경고를 받으면 한 경기 출장 정지를 당하게 된다. 그리고 그 선수는 그 시즌 유럽 챔피언스리그에서 자신의 누적 옐로카드 수가 홀수가 될 때마다 한 경기씩 출장 정지를 당하게 된다. 즉 3번 경고를 받아 한 경기를 뛰지 못한 바 있는 선수는 그 시즌 유럽 챔피언스리그에서 5번째 옐로카드를 받는 경우 다시 그 다음 경기에 출전이 금지되며, 7번째 옐로카드를 받는 경우에도 마찬가지이다. 라운드가 계속 진행되어도, 일단 받은 경고는 그 시즌 내내 계속 효력을 발휘하게 된다. 다만 대회의 본선이 아닌 예선 라운드에서 받은 한 장의 옐로카드는 본선까지 이어지지 않는다. 그리고 카드 수는 해당 시즌 동안에만 누적되며, 다음 시즌까지 이어지지는 않는다.

퇴장은 1경기 출전 정지를 기본적인 징계로 받게 되며, 퇴장의 질에 따라 경기 후 추가 징계가 있을 수 있으며 퇴장으로 받은 출전 정지는 다음 시즌까지 이어지게 된다.

5. 유럽 축구 연맹(UEFA)

UEFA는 유럽 지역에서 열리는 축구 경기를 총괄하는 단체로 1953년 프랑스에서 열린 국제축구연맹 특별 총회에서 각 대륙별 축구연맹 설립을 승인함으로써 1954년 6월 15일 스위스 바젤에서 창설되었다. 1995년 본부를 스위스 니옹으로 옮겼고, 이사회에서 단독으로 여러 의결과 법안을 상정할 수 있게 되었으며 이처럼 기구가 커짐에 따라 1963년 기술위원회, 1968년 심판진위원회 등 여러 전문 분야를 담당하는 소(小)위원회를 창설하였다.

출범 당시 25개였던 회원국 축구협회 및 연맹은 2011년 현재 53개로 늘어났다. 아시아 지역에 포함된 터키, 이스라엘, 카자흐스탄도 유럽 축구 연맹(UEFA)에 포함되어 있다. 현재 국제연합(UN)의 유럽 지역 회원국 가운데 모나코만 가입되어 있지 않다.

유럽 축구 연맹는 유럽에 문호를 개방해 경쟁을 유도함으로써 축구의 활성화에 힘썼다. 그들은 유러피언 컵, 유럽-남미컵, 유럽연맹 위너스 컵을 만들었다. 또한 국제축구연맹(FIFA)로부터 국제청소년대회의 운영을 넘겨받았고, 유럽축구선수권대회를 개최하기도 하였다. 이어 각 도시 친선대항전의 명칭을 UEFA컵으로 바꾸고, UEFA 슈퍼컵을 개최했으며, 유러피언 컵을 유럽 챔피언스리그로 개명시켰다.

2013년 5월 현재 프랑스와 유벤투스의 축구영웅 미셸 플라티니가 2006년부터 UEFA 회장직을 맡고 있다.

6. 우승 트로피

유럽 챔피언스리그의 우승 트로피 '빅 이어(Big ear)',
재질 : 은 92.5%, 중량 7.5kg, 높이 73.5cm, 폭 : 46.5cm

유럽 챔피언스리그 우승 트로피 '빅이어'는 스위스 베른의 한 전문가가 340시간을 공들여 완성시킨 우승컵으로 1966년 처음 소개된 이래 수많은 축구선수들에게 '영광의 아이콘'으로 자리매김해 왔다. 1967년 5월 25일 리스본에서 진행된 셀틱과 인터밀란의 대회 결승전 경기 후 우승팀인 셀틱의 주장 빌리 맥네일에게 처음 건네졌다. 이 기념할만한 결승전 이전에는 지금과는 다른 모양의 트로피가 사용되었다.

UEFA 지침에 따르면 빅이어는 총 5번의 우승을 하거나 3회 연속 우승을 한 팀이 영구 소장할 수 있었다. 이는 50년이 넘는 역사 속에서 오직 레알 마드리드, 아약스, 바이에른 뮌헨, AC밀란, 리버풀만이 그들의 트로피 룸에 진짜 트로피를 보관할 수 있었음을 뜻한다. 2008/2009 시즌부터는 결승전 후 트로피 진품은 UEFA에 보관되고 뒷면에 우승 클럽의 이름이 새겨진 모형이 우승팀에게 전해졌다.

7. 우승팀이 누리는 혜택

2000년대에 들어 유럽 챔피언스리그의 우승팀이 된다는 것은 곧 세계 최고의 축구 클럽이 되는 것과 같다고 할 정도로 최근 유럽 챔피언스리그의 위상과 유럽 축구 무대의 위상은 한층 더 높아졌다. 유럽 최고의 축구 클럽이자 세계 최고의 축구 클럽이 될 수 있는 유럽 챔피언스리그. 우승팀은 어떠한 혜택을 누릴 수 있을까?

일단 유럽 챔피언스리그 우승팀은 '유럽의 왕자'라는 명예를 얻게 된다. 그 명예는 향후 최고의 선수들이나 장래가 촉망되는 선수들을 영입하고 많은 축구 팬들을 확보하는데 큰 영향을 끼친다. 한 예로, 2011/2012 시즌 유럽 챔피언스리그 우승팀 첼시는 유럽 최고의 재능 중 하나였던 에당 아자르 선수를 맨체스터 유나이티드, 맨체스터 시티, 토트넘 핫스퍼 등 유수의 유명 클럽들과의 경쟁 끝에 영입할 수 있었다. 실제로 에덴 아자르 선수는 토트넘 핫스퍼로의 이적이 유력했지만 첼시의 유럽 챔피언스리그 우승에 감명 받아 첼시에 입단했다고 인터뷰했다.

명예와 더불어 그들은 두 개의 대회에 챔피언의 자격으로 출전하게 되는데 바로 UEFA 슈퍼컵과 FIFA 클럽월드컵이다. UEFA 슈퍼컵은 유럽 챔피언스리그 우승팀과 유로파리그 우승팀이 겨루는 대회이다. 매년 모나코의 스타드 루이 2세 스타디움에서 열린다. 하지만 이 UEFA 슈퍼컵에서 항상 유럽 챔피언스리그 우승팀이 우승하는 것은 아니다. 유로파리그의 우승팀이 승리하는 경우도 종종 일어나며 최근에도 유로파리그 우승팀 아틀레티코 마드리드가 유럽 챔피언스리그 우승팀 첼시를 상대로 승리를 거두며 우승컵을 들어올리기도 했다.

클럽월드컵은 국제축구연맹인 FIFA에서 주관하는 대회이며 6개 대륙의 클럽 챔피언이 참가하는 대회이다. 단, 오세아니아 대륙의 챔피언은 개최 국가의 1부 리그 챔피언과 플레이오프 경기를 치른다. 이 두 개의 대회 참여를 통해 유럽 챔피언스리그 우승팀은 중계권료와 상금 그리고 팀의 위상을 높일 수 있는 기회를 부여받게 된다.

명예적인 부분도 있지만, 유럽 챔피언스리그 우승팀이 받는 수많은 혜택 중에 최고는 단연 경제적인 부분일 것이다. 유럽 챔피언스리그 우승팀은 천문학적인 상금을 받게 되는데, 미국 경제 전문지 포브스에 의하면 챔피언스리그의 우승 상금이 월드컵과 유로 대회의 상금보다 많다고 발표했다. 상금을 제외하고도 유럽 챔피언스리그 우승팀은 거대한 마케팅 효과로 막대한 수익을 얻을 수 있다. 유럽 챔피언스리그 우승팀을 비롯해 출전팀은 TV 중계권료, 스폰서 수입, 뉴미디어 계약 수입 등으로 천문학적인 마케팅 수익을 얻게 된다.

유럽 챔피언스리그 우승으로 팀이 아닌 선수나 감독 개개인이 누릴 수 있는 영광도 있다. 유럽 챔피언스리그는 유럽 최고의 권위 있는 대회이자 전 세계 최고의 축구 대회이기에 선수나 감독으로서 유럽 챔피언스리그를 우승하거나 좋은 활약을 보인다면 엄청난 명예를 얻을 수 있다. 대표적인 것은 바로 국제축구연맹 FIFA에서 전 세계 최고의 축구선수에게 수여하는 'FIFA 발롱도르' 수상이다.

FIFA 발롱도르는 FIFA에서 수여하는 'FIFA 올해의 선수상'과 프랑스 축구 매거진에서 수상해왔던 권위있는 상인 '발롱도르'가 통합된 것으로, 각국 국가대표팀 감독과 주장, 기자단의 투표에 의해 선정된다. 그런데 이 FIFA 발롱도르

선정에 막강한 영향을 미칠 수 있는 게 바로 유럽 챔피언스리그의 우승컵이다. 보통 FIFA 발롱도르의 전신인 발롱도르와 FIFA 올해의 선수상은 그 해의 유럽 챔피언스리그의 우승팀이나 월드컵 우승팀의 핵심 선수에게 수여되는 경우가 많았다.

FIFA 발롱도르 감독 부분에서는 유럽 챔피언스리그의 우승컵의 영향이 더욱 잘 드러나는데, 2010년에는 인터밀란을 챔피언스리그 우승으로 이끈 무리뉴 감독이, 2011년에는 FC바르셀로나를 유럽 챔피언스리그 우승으로 이끈 펩 과르디올라 감독이 FIFA발롱도르 감독부분을 수상하면서 유럽 챔피언스리그의 우승 효과가 얼마나 대단한지 다시 한 번 인식시켜 주었다.

8. 재미있는 징크스들!

유럽 챔피언스리그에는 과거부터 재미있는 징크스들이 존재해왔고, 현재까지도 내려오는 것들이 있다. 요즘의 축구 팬들 사이에서 회자되는 징크스는 어떤 것들이 있을까?

FC 바르셀로나가 깨버린 유럽 챔피언스리그 징크스들

2008/2009 시즌 혜성처럼 등장한 펩의 바르셀로나. 그들은 등장과 동시에 유럽 챔피언스리그 챔피언이 되었고, 또 많은 기록들을 세움과 동시에 많은 징크스들을 깼다.

토너먼트에서 레알 마드리드를 잡은 팀을 잡으면 우승한다!

- 02-03 레알 마드리드를 꺾은 유벤투스를 잡은 AC밀란이 우승
- 03-04 레알 마드리드를 꺾은 모나코를 잡은 FC포르투가 우승
- 04-05 레알 마드리드를 꺾은 유벤투스를 잡은 리버풀이 우승
- 05-06 레알 마드리드를 꺾은 아스날을 잡은 FC바르셀로나가 우승
- 06-07 레알 마드리드를 꺾은 바이에른 뮌헨을 잡은 AC밀란이 우승
- 07-08 레알 마드리드를 꺾은 AS로마를 잡은 맨체스터 유나이티드가 우승

하지만 2008/2009 시즌 FC 바르셀로나는 레알 마드리드를 꺾은 리버풀을 잡은 첼시를 제치고 유럽 챔피언스리그 우승컵을 들어 올리면서 수년간 이어온 '레알 마드리드를 이기고 올라온 팀이 우승한다'는 징크스는 깨지게 된다.

3대 리그 우승 순환설

- 04-05 리버풀 - 잉글랜드
- 05-06 FC바르셀로나 - 스페인
- 06-07 AC밀란 - 이탈리아
- 07-08 맨체스터 유나이티드 - 잉글랜드

- 08-09 FC바르셀로나 - 스페인
- 09-10 인터밀란 - 이탈리아
- 10-11 잉글랜드?
  NO! 맨체스터 유나이티드를 꺾고 FC바르셀로나 우승!

웸블리에서 결승전이 펼쳐지면 홈팀과 원정팀이 번갈아가면서 우승한다.

- 62-63 웸블리 : AC밀란 (홈 배정) 우승
- 67-68 웸블리 : 맨체스터 유나이티드 (원정 배정) 우승
- 70-71 웸블리 : 아약스 (홈 배정) 우승
- 77-78 웸블리 : 리버풀 (원정 배정) 우승
- 91-92 웸블리 : FC바르셀로나 (홈 배정) 우승
- 10-11 웸블리 : 홈 배정 받은 FC 바르셀로나 우승!
  (징크스에 따르면 원정 팀을 배정받은 맨체스터 유나이티드가 우승했어야 했다.)

2012-2013시즌에 깨져버린 징크스

?2-?3 시즌 유럽 챔피언스리그 결승전에는 이탈리아 팀이 꼭 올라간다!?

- 62-63 유럽 챔피언스리그 결승전 : 인터밀란 결승전 진출 후 우승.
- 72-73 유럽 챔피언스리그 결승전 : 유벤투스 결승전 진출 후 준우승.

- 82-83 유럽 챔피언스리그 결승전 : 유벤투스 결승전 진출 후 준우승.
- 92-93 유럽 챔피언스리그 결승전 : AC밀란 결승전 진출 후 우승.
- 02-03 유럽 챔피언스리그 결승전 : AC밀란, 유벤투스 결승전 진출 후 AC밀란 우승.
- 12-13 유럽 챔피언스리그 결승전 : 유벤투스 8강 탈락

이 징크스는 깨질 수밖에 없게 되었다. 12-13년 결승전에 진출한 클럽은 독일의 토르트문트와 바이에른 뮌헨이기 때문이다.

아직 살아있는 징크스

첼시를 토너먼트에서 탈락시킨 팀은 최소 유럽 챔피언스리그 결승전에 진출한다!?

- 2004-2005 첼시 4강전 리버풀에게 탈락 : 리버풀 결승 진출 후 우승
- 2005-2006 첼시 16강전 바르셀로나에게 탈락 : 바르셀로나 결승 진출 후 우승
- 2006-2007 첼시 4강전 리버풀에게 탈락 : 리버풀 결승 진출 후 준우승
- 2007-2008 첼시 결승전 맨유에게 탈락 : 맨유 우승 (첼시가 결승전 진출)
- 2008-2009 첼시 4강전 바르셀로나에게 탈락 : 바르셀로

나 결승 진출 후 우승
- 2009-2010 첼시 16강전 인터밀란에게 탈락 : 인터밀란 결승 진출 후 우승
- 2010-2011 첼시 8강전 맨유에게 탈락 : 맨유 결승 진출 후 준우승
- 2011-2012 첼시 우승
- 2012-2013 첼시 조별리그 탈락(그러므로 첼시 징크스는 현재 진행형이다.)

9. 불미스러운 사건들

헤이젤 참사

헤이젤 참사는 1985년 유러피언 컵 결승전 장소인 벨기에 헤이젤 스타디움에서 7M의 콘크리트 벽이 무너지면서 39명의 사망자와 454명의 부상자가 발생한 유럽 챔피언스리그 역사상, 그리고 축구 역사상 최악의 사건 중 하나이다.

헤이젤 참사의 전말은 이렇다. 1985년 유러피언 컵 결승전에서 만난 리버풀과 유벤투스의 경기를 앞두고 당시 난폭하기로 유명한 리버풀 훌리건들이 유벤투스 팬들에게 자신들의 세력을 과시하려 하고 있었다.

리버풀 훌리건들은 난폭함이 최고조로 달아올라 쇠파이프와 각목 등의 각종 위험장비를 들고 유벤투스 팬들을 위협했다.

그 결과, 경기장은 아수라장이 되어버렸고 리버풀 훌리건들의 폭행을 피하려고 많은 관중들이 갑작스럽게 출구로 대피하다가 7M의 콘크리트 벽이 무너지게 된 것. 결국 이 사고로 많은 사상자가 발생했다.

헤이젤 참사에 대한 징계로 잉글랜드는 5년간, 리버풀은 7년간 유럽 클럽대항전에 나설 수 없게 되었다.

최악의 오심으로 경기를 망친 노르웨이의 오브레보 주심

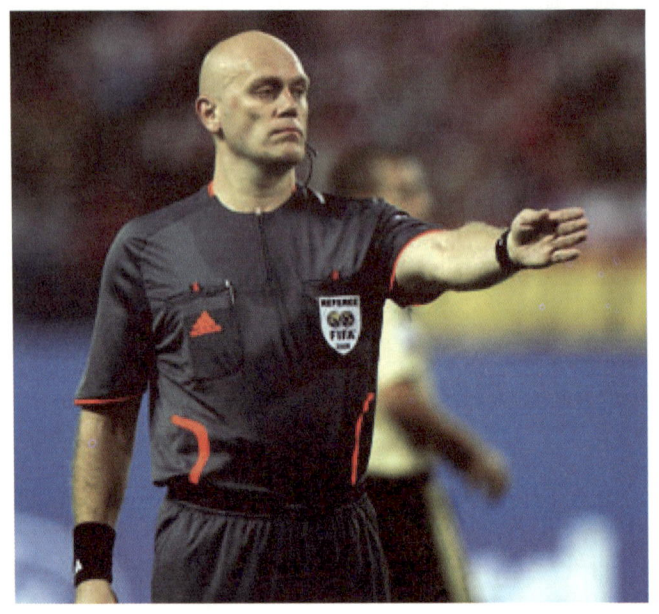

 2008/2009 시즌 유럽 챔피언스리그 4강 2차전. 첼시와 FC바르셀로나의 대결이 펼쳐지던 이 날, 노르웨이 출신의 오브레보 주심은 경기 내내 어이없는 판정을 내리면서 축구팬들의 분노를 산다.
 특히 경기 내내 첼시에게 불리한 판정을 내리면서 첼시가 결승전에 진출하는데 큰 걸림돌 역할을 했는데, 경기가 끝난 후 첼시 소속인 디디에 드로그바, 미하엘 발락, 존 테리, 거스 히딩크 감독을 비롯한 다수의 축구관계자들이 그에게

비판을 가하면서 UEFA 차원의 징계가 이루어졌다. 하지만 징계의 대상이 오브레보 심판이 아닌 그를 비판한 첼시 선수들이 되면서, 논란은 더욱 가중되었다.

그리고 한 시즌 뒤 유럽 챔피언스리그 16강 1차전 바이에른 뮌헨과 피오렌티나의 대결에서 주심을 맡은 오브레보는 또 다시 어이없는 오심을 저질렀고 결국 그 이후 국제 대회 무대에서 은퇴한다. 2012년 타임스와의 인터뷰를 통해 첼시와 FC바르셀로나의 경기에서 자신의 실수를 인정했지만, 여전히 축구팬들에겐 유럽 챔피언스리그 역사상 가장 불명예스러운 심판으로 남아 있다.

2013년 유로폴 승부조작 수사

2013년 전 세계 축구팬들을 충격에 빠트린 유로폴의 발표가 있었다. 유로폴은 월드컵 등의 각종 메이저 축구 대회에서 승부조작이 일어났다고 발표했다. 유로폴의 충격적인 발표에 유럽 챔피언스리그 역시 자유로울 수 없었다. 발표와 동시에 조작으로 의심되는 경기들이 언론에서 기사화되고 팬 블로그를 통해 노출되었다. 이번 승부조작 수사는 유럽 챔피언스리그 역사상, 축구 역사상 가장 수치스러운 사건이 아닐까 싶다. 비록 완전히 뿌리를 뽑지는 못하겠지만 이번 유로폴 승부조작 수사를 통해 한층 깨끗해진 유럽 챔피언스리그가 되었으면 하는 바람이다.

제2장
챔스리그로 보는 유럽 최고의 팀들

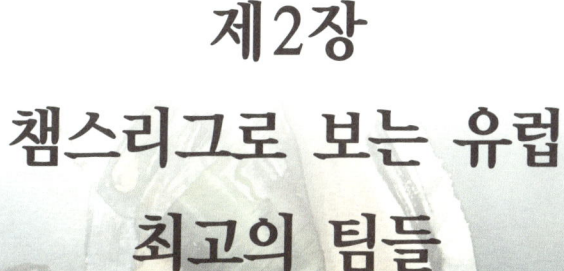

제2장 챔스리그로 보는 유럽 최고의 팀들

1. 유럽을 지배했던 공격축구, '저승사자군단' 레알 마드리드

'저승사자군단'이라는 섬뜩한 별명은 1956~1960년대 초반까지의 레알 마드리드에게 붙여진 평가이다. 그 당시 레알 마드리드는 화끈한 공격력으로 브라질 축구와 함께 가장 높은 평가와 존중을 받았던, 전체 축구사에서도 손꼽히는 '레전드' 팀이라 할 수 있다.

그들은 유럽 챔피언스리그의 전신인 유러피언 컵 5연패에 성공할 정도의 위대한 팀이었다.

믿을 수 없는 기록

저승사자군단이라 불리던 시절의 레알 마드리드는 자신의 홈구장에서 약 9년간 121경기 연속 무패 기록을 이어나갔다(1957.2.3~1965.3.7).

season	nr	date	opponent	score
1956/57	-	3/ 2/57	Atlético	0-2
	1	17/ 2/57	Deportivo	1-0
	2	3/ 3/57	Barcelona	1-0
	3	24/ 3/57	Valencia	2-0
	4	21/ 4/57	Celta	4-1
1957/58	5	15/ 9/57	Osasuna	3-0
	6	20/ 9/57	Sevilla	6-0
	7	13/10/57	Barcelona	3-0
	8	3/11/57	Real Sociedad	2-1
	9	17/11/57	Athletic	6-0
	10	8/12/57	Espanyol	2-0
	11	22/12/57	Atlético	0-0
	12	12/ 1/58	Granada	4-0
	13	26/ 1/58	Valencia	2-1
	14	9/ 2/58	Jaén	3-0
	15	16/ 2/58	Las Palmas	2-1
	16	9/ 3/58	Sporting	4-0
	17	30/ 3/58	Valladolid	5-3
	18	20/ 4/58	Celta	5-0
	19	4/ 5/58	Zaragoza	2-1
1958/59	20	21/ 9/58	Sporting	5-1
	21	5/10/58	Osasuna	8-0
	22	18/10/58	Zaragoza	3-0
	23	2/11/58	Atlético	5-0
	24	16/11/58	Valencia	3-0
	25	30/11/58	Granada	2-0
	26	14/12/58	Athletic	0-0
	27	4/ 1/59	Las Palmas	10-1
	28	18/ 1/59	Celta	3-0
	29	1/ 2/59	Betis	4-2
	30	15/ 2/59	Barcelona	3-0
	31	8/ 3/59	Oviedo	4-0
	32	22/ 3/59	Real Sociedad	6-1
	33	5/ 4/59	Sevilla	8-0
	34	19/ 4/59	Espanyol	3-3
1959/60	35	13/ 9/59	Betis	7-1
	36	27/ 9/59	Espanyol	4-0
	37	18/10/59	Athletic	3-1
	38	25/10/59	Osasuna	7-0
	39	8/11/59	Sevilla	1-0
	40	29/11/59	Barcelona	2-0
	41	13/12/59	Granada	6-0
	42	27/12/59	Las Palmas	2-0
	43	10/ 1/60	Valencia	2-1
	44	24/ 1/60	Zaragoza	2-1
	45	7/ 2/60	Elche	11-2
	46	21/ 2/60	Atlético	3-2
	47	6/ 3/60	Oviedo	8-1
	48	10/ 4/60	Valladolid	1-0
	49	20/ 4/60	Real Sociedad	4-0
1960/61	50	18/ 9/60	Real Sociedad	3-1
	51	2/10/60	Espanyol	2-0
	52	16/10/60	Sevilla	1-1
	53	6/11/60	Athletic	3-1
	54	13/11/60	Zaragoza	5-1
	55	27/11/60	Oviedo	7-0
	56	11/12/60	Valladolid	2-1
	57	1/ 1/61	Racing	4-0
	58	8/ 1/61	Atlético	3-1
	59	22/ 1/61	Elche	8-0
	60	5/ 2/61	Valencia	2-0
	61	19/ 2/61	Granada	5-0
	62	12/ 3/61	Mallorca	3-0
	63	26/ 3/61	Barcelona	3-2
	64	23/ 4/61	Betis	4-0
1961/62	65	3/ 9/61	Elche	3-1
	66	17/ 9/61	Sevilla	2-1
	67	1/10/61	Barcelona	2-0
	68	15/10/61	Zaragoza	2-1
	69	29/10/61	Betis	2-0
	70	5/11/61	Espanyol	3-1
	71	26/11/61	Atlético	2-1
	72	17/12/61	Racing	6-0
	73	14/ 1/62	Real Sociedad	1-0
	74	28/ 1/62	Athletic	3-0
	75	4/ 2/62	Tenerife	0-0
	76	18/ 2/62	Oviedo	4-1
	77	4/ 3/62	Osasuna	2-2
	78	18/ 3/62	Mallorca	2-0
	79	1/ 4/62	Valencia	4-1
1962/63	80	23/ 9/62	Deportivo	2-1
	81	30/ 9/62	Barcelona	2-0
	82	14/10/62	Elche	6-1
	83	15/10/62	Oviedo	2-1
	84	28/10/62	Sevilla	2-1
	85	11/11/62	Zaragoza	4-2
	86	9/12/62	Osasuna	5-0
	87	23/12/62	Athletic	3-2
	88	6/ 1/63	Betis	3-0
	89	3/ 2/63	Málaga	5-0
	90	17/ 2/63	Valladolid	4-1
	91	3/ 3/63	Valencia	1-0
	92	17/ 3/63	Atlético	4-3
	93	31/ 3/63	Córdoba	1-0
	94	14/ 4/63	Mallorca	5-2
1963/64	95	15/ 9/63	Athletic	3-1
	96	6/10/63	Córdoba	5-2
	97	20/10/63	Betis	1-1
	98	10/11/63	Pontevedra	3-1
	99	24/11/63	Atlético	5-1
	100	15/12/63	Barcelona	5-0
	101	29/12/63	Levante	3-0
	102	19/ 1/64	Elche	1-0
	103	26/ 1/64	Valladolid	2-1
	104	9/ 2/64	Espanyol	1-0
	105	23/ 2/64	Valencia	2-0
	106	15/ 3/64	Murcia	3-1
	107	22/ 3/64	Zaragoza	3-1
	108	12/ 4/64	Sevilla	1-1
	109	26/ 4/64	Oviedo	1-0
1964/65	110	20/ 9/64	Las Palmas	6-0
	111	27/ 9/64	Córdoba	6-1
	112	11/10/64	Oviedo	3-0
	113	25/10/64	Zaragoza	1-1
	114	8/11/64	Barcelona	4-1
	115	29/11/64	Deportivo	2-0
	116	13/12/64	Levante	4-1
	117	27/12/64	Sevilla	4-0
	118	3/ 1/65	Espanyol	1-0
	119	24/ 1/65	Elche	3-0
	120	7/ 2/65	Valencia	3-0
	121	21/ 2/65	Betis	6-1
	-	7/ 3/65	Atlético	0-1

또한 그들은 그 전에도 없었고, (아마) 앞으로도 없을 유럽 챔피언스리그 5회 연속 우승이라는 엄청난 대기록을 보유하고 있다. 5연패 기간 동안 그들은 스페인 1부 리그 우승 역시 3회나 기록했다.

저승사자 군단이라는 별명이 붙을 정도로 막강했던 레알 마드리드.
(1955~1960)

레알 마드리드의 전술

55/56 시즌

GK 1 Juan Alonso
DF 2 Angel Atienza
DF 3 Marquitos
DF 4 Rafael Lesmes
DF 5 Miguel Muñoz (c)
MF 6 José María Zárraga
MF 7 José Iglesias Fernández
MF 8 Ramón Marsal Ribó
MF 9 Alfredo Di Stéfano
FW 10 Héctor Rial
FW 11 Francisco Gento

56/57 시즌

GK 1 Juan Alonso
DF 2 Manuel Torres
DF 3 Marquitos
DF 4 Rafael Lesmes
DF 5 Miguel Muñoz (c)
MF 6 José María Zárraga
MF 7 Raymond Kopa
MF 8 Enrique Mateos
MF 9 Alfredo Di Stéfano
FW 10 Héctor Rial
FW 11 Francisco Gento

57/58 시즌

GK 1 Juan Alonso (c)
DF 2 Angel Atienza
DF 3 Marquitos
DF 4 Rafael Lesmes
DF 5 Juan Santisteban
MF 6 José María Zárraga
MF 7 Raymond Kopa
MF 8 Joselito
MF 9 Alfredo Di Stéfano
FW 10 Héctor Rial
FW 11 Francisco Gento

58/59 시즌

GK 1 Rogelio Domínguez
DF 2 Marquitos
DF 3 José Santamaría
DF 4 Rafael Lesmes
DF 5 Juan Santisteban
MF 6 Antonio Ruiz
MF 7 Raymond Kopa
MF 8 Enrique Mateos
MF 9 Alfredo Di Stéfano
FW 10 Héctor Rial
FW 11 Francisco Gento

59/60 시즌

GK 1 Rogelio Domínguez
DF 2 Pachin
DF 3 Marcos Alonso Marquitos
DF 4 José Santamaría
DF 5 José María Zárraga (c)
MF 6 José María Vidal
MF 7 Canario
MF 8 Luis del Sol
MF 9 Alfredo Di Stéfano
FW 10 Ferenc Puskás
FW 11 Francisco Gento

레알 마드리드의 각 시즌 베스트 일레븐 / 레알 마드리드는 주로 2-3-5 포메이션을 사용했기에 앞에 붙어있는 포지션은 그 선수가 경기장에서 보여주는 성향이라 할 수 있다 레알 마드리드는 주로 2-3-5 전술을 사용했는데 이 전술은 일명 '피라미드 포메이션'이라고도 불린다. 2-3-5 전술은 상당히 공격적인 포메이션으로 두 명의 풀백, 세 명의 하프백, 5명의 공격수를 두는 포메이션이다. 또한 최초로 철저히 역할을 분담한 포메이션이기도 하다.

풀백과 하프백은 수비에 치중하고 들어오는 공격수를 차단하는 역할을 주로 맡았다. 또한 하프백은 풀백과 공격수 사이의 연결고리 역할을 했다. 5명의 공격수는 윙어-인사이드포워드-센터포워드-인사이드포워드-윙어로 이루어져 공격을 이끌었고 레알 마드리드의 5명의 공격수는 많은 수비 가담을 요구 받기도 하였다.

원조 갈락티코의 멤버들

- 저승사자 군단의 믿음직한 골키퍼 도밍게스. 도밍게스는 놀라운 슈퍼세이브를 많이 보여 주었다.

- 수비진을 구축했던 산타마리아와 마르키토스. 두 선수 모두 수준급의 수비력을 갖췄었다. 산타마리아는 강력한 헤딩능력을 보유한 선수였고, 마르키토스는 수비 진영에서 공격진으로 전환하는데 특별한 재능이 있었다.

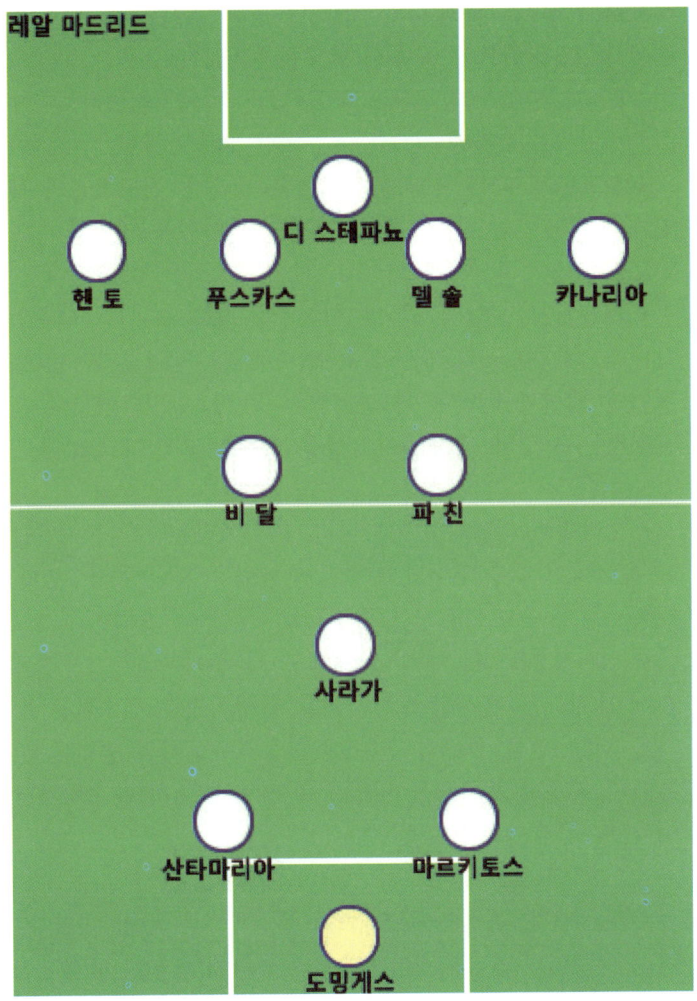

유러피언 컵 5연패 신화의 갈락티코 멤버들 (2-3-5 포메이션)

☻ 하프백의 키플레이어, 비달. 비달은 흐름을 끊는 플레이를 매우 잘했으며 공격진과의 연계플레이도 좋아 공격적인 재능과 수비적인 재능이 두루 갖춘 미드필더였다.

☻ 하프백의 다른 자리를 차지했던 사라가. 전방으로의 볼 전개가 주무기인 선수. 공-수 연결고리 역할을 맡았다.

☻ 저승사자 군단의 5톱의 핵심 선수였던 루이스 델 솔. 상대적으로 다른 공격진 선수에 비해 덜 알려졌지만 그는 뛰어난 체력과 탄탄한 하드웨어를 바탕으로 전방에서 볼을 탈취하는 능력과 패싱 능력, 볼을 다루는 기술이 좋았다.

☻ 브라질産 테크니션 카나이라! 카나이라는 브라질리언답게 테크닉이 매우 뛰어났고 좋은 연계력을 지닌 공격수였다.

☻ '역사상 최고의 체력' 알프레도 디 스테파뇨! 알프레도 디 스테파뇨는 혼자서 토탈사커를 완성시키는 선수라는 평가를 받을 만큼 최고의 선수였다. 공격수로서의 능력은 물론이며 왕성한 활동량을 바탕으로 경기에 임하며 수비가담이나 팀 플레이어에 능한 선수였다.

☻ '황금왼발' 페렌츠 푸스카스. 푸스카스는 강한 왼발 킥이 주무기이며 플레이메이킹과 조율능력에도 능한 다재다능한 포워드였다.

❋ '유럽 챔피언스리그의 전설' 프란시스코 헨토! 헨토는 유럽 챔피언스리그를 무려 6번이나 들어 올렸다. 그는 높은 수준의 테크닉과 빠른 스피드를 지닌 최고의 윙어였다. 그는 저승사자군단에서 이어 예-예 마드리드 시절(60년대 후반 레알 마드리드의 애칭)의 레알 마드리드도 훌륭히 이끈 것으로 잘 알려져 있다.

❋ 또한 레이몽 코파, 미겔 무뇨스, 헥토르 리알 등의 5연패에는 직접적인 영향을 끼치진 못했지만 그전에 유러피언 컵 초대우승부터 3연패, 4연패를 할 때까지 주축으로 활약한 선수들도 있다.

역대 최고의 회장, 산티아고 베르나베우

[산티아고 베르나베우의 상징성을 보여주는 자료]

마드리드 역대 최고의 주장 4위
마드리드 역대 최고의 선수 Top 20
마드리드 역대 최고의 회장 1위
마드리드 역대 최고의 역임회장 1위
마드리드 역대 최고의 경영인 1위
마드리드 역대 최고의 인물 1위
마드리드 역대 최고의 디렉터 Top4
유러피언 챔피언스리그 창립 멤버

베르나베우는 레알 마드리드의 훌륭한 축구 선수였다. 레알 마드리드의 공식 홈페이지에 기재된 베르나베우의 선수 시절 기록은 무려 1,200골. 그리고 레알 마드리드가 스페인 내전으로 팀의 핵심 선수들이 이탈하고 팀이 사라질 위기에 처했을 때 직접 선수들을 찾아 나서고 유소년 선수를 모으는 등의 노력을 통해 레알 마드리드를 구해냈다. 선수 은퇴 후 베르나베우는 1943년 레알 마드리드의 회장으로 선출되었으며 1950년대 저승사자군단을 완성시키는데 많은 공을 세웠다. 그는 알프레도 디 스테파뇨, 푸스카스, 레이몽 코파, 산타 마리아, 헨토, 무뇨스 등의 최고의 선수들을 영입했다. 그리고 베르나베우가 완성시킨 이 팀은 미래의 축구팬들에 의해 '전설의 팀'으로 평가받았다.

베르나베우가 회장으로 재임할 때 레알 마드리드는 유럽 챔피언리그 6회 우승, 인터컨티넨탈 컵 1회 우승, 프리메라리가 16회 우승, 코파 6회 우승 등의 엄청난 업적을 이뤘다.

산티아고 베르나베우라는 이름은 1955년 1월2일부터 레알 마드리드의 홈구장의 명칭으로 사용되기 시작하여 현재까지도 쓰이고 있다.

2. 카테나치오를 집대성한 에레라, 그리고 인터밀란

1950년~1960년대의 축구계는 그 초반만 해도 레알 마드리드와 벤피카, 브라질로 대표되는 공격축구가 대세로 자리

잡고 있었다. 이 팀들의 공격 축구에 대항하는 것은 불가능에 가까워 보였고 실제로 공격축구를 구사하던 팀들은 많은 트로피를 들어올렸다. 하지만 당시 패러다임이었던 공격축구에 대항코자하는 팀이 나타났으니 그 팀은 바로 에레라 감독의 인터밀란. 에레라의 인터밀란은 '카테나치오'를 구사하고 있었으며, 유러피언 컵을 우승하면서 수비축구의 가치를 높였다.

카테나치오란 무엇인가?

카테나치오는 빗장, 자물쇠를 뜻하는 이탈리아 말로 수비를 강조한 포메이션 시스템을 말한다. 보통 카테나치오는 1-4-3-2 형태로 나타난다. 또한 카테나치오는 리베로라는 아주 중요한 포지션 개념을 포함하고 있는데, 리베로는 1-4-3-2 포메이션에서 최후방 수비수에 위치하면서 뛰어난 판단력, 수비스킬과 적극적인 공격가담이 요구되는 포지션이다.

카테나치오의 기원은 오스트리아 출신의 칼 랍판 감독이 이름 붙인 '볼트 시스템'이라는 전술이다. 칼 랍판의 볼트시스템은 피라미드 포메이션(2-3-5), WM 등의 포메이션이 트렌드로 받아들여지던 시절에 창안된 전술이며, 랍판은 볼트시스템을 피라미드 포메이션과 결합시켰다. 볼트시스템을 사용한 랍판은 그라스호퍼 감독으로서 5번의 우승을 했고 1938년 카테나치오 시스템을 적용시킨 스위스를 이끌고 독일을 상대로 승리를 거두는 등 좋은 결과를 얻었다.

볼트시스템은 비록 그 당시 스위스라는 축구변방의 국가에서 나온 전술이라는 것과 이론을 반영하기 힘들다는 이유로 널리 받아들여지지는 못했지만 향후 축구사에 지대한 영향을 끼치게 된다. 그는 베로우어라는 포지션 또한 창안하게 되는데 베로우어는 리베로와 스위퍼의 시초로 수비라인 아래에서 뒷공간을 커버하는 역할을 했다.

카테나치오 전술은 1940년대 후반 이탈리아에 재등장하게 되는데, 이탈리아 클럽 살레르니타나의 감독 쥐세페 비아니가 카테나치오 전술을 수비전술로 사용했다고 한다. 비아니의 전술은 랍판과는 다르게 W-M시스템[1]에 카테나치오를 접목시켰다고 한다. W-M시스템에 수비라인 뒤에 한 명의 선수가 플레이하게 되었는데 그 선수를 리베로라고 부르게 되었다.

쥐세페 비아니는 카테나치오 전술로 약간의 성공을 거두었지만 비아니의 그것은 완성된 카테나치오는 아니었다. 시간이 흐른 뒤, 다양한 색깔의 카테나치오가 탄생했다. 특히 인터밀란의 알프레도 포니와 AC밀란의 네레오 로코가 시도한 카테나치오의 완성도가 높았다. 수많은 카테나치오 중에서도 완벽한 카테나치오를 만들었다고 평가받는 AC밀란의 로코. 그러한 로코와 함께 동시대에 최고의 카테나치오를 구사한 감독이 있었으니 그가 바로 엘레니오 에레라이다.

---

[1] 수비지향적인 전술로, 숫자로 나타낸다면 3-2-2-3 형태로 나타낼 수 있다.

에레라의 카테나치오

엘레니오 에레라(1910년~1997년)

감독 경력

- 1944년~1945년 퓌토
- 1945년~1948년 스타드 프랑쎄 파리
- 1948년~1949년 레알 바야돌리드
- 1949년~1952년 아틀레티코 마드리드
- 1952년 말라가 CF
- 1953년 데포르티보 라코루냐
- 1953년~1956년 세비야 FC
- 1956년~1958년 CF 벨레넨세스
- 1958년~1960년 FC 바르셀로나
- 1960년~1968년 인터밀란
- 1968년~1970년 AS 로마

- 1973년~1974년 인터밀란
- 1978년~1979년 리미니
- 1979년~1981년 FC 바르셀로나

우승 경력

- 아틀레티코 마드리드
  프리메라리가 : 1949-1950, 1950-1951

- FC 바르셀로나
  프리메라리가 : 1958-1959, 1959-1960
  코파 델 레이 : 1958-1959, 1980-1981
  인터-시티 페어스컵 : 1958-1960

- 인터 밀란
  세리에 A : 1962-1963, 1964-1965, 1965-1966
  유러피언컵 : 1964-1965, 1965-66
  인터컨티넨탈컵 : 1964, 1965

- AS로마
  코파 이탈리아 : 1968-1969

에레라의 인터밀란은 독특하면서도 가장 완성도 높은 카테나치오를 사용했다. 그는 독특한 포지션과 개성 강한 선수들을 결합시키기 위해서 비대칭적인 포메이션을 사용했는데, 보통 5-3-2, 1-3-3-3 포메이션으로 불린다. 그들은 한 골을 더 득점하기보다는 한 골을 덜 실점하자는 철학관을 가지고 경기에 임했으며 그들의 바람대로 수많은 1대0 승리를 일궈냈다. 에레라의 인터밀란은 이러한 1대0 승리를 바탕으로 62/63, 64/65, 65/66 시즌 세리에A 우승을 차지했고, 63/64, 64/65 시즌 유러피언 컵을 들어올렸다.

에레라의 카테나치오는 수비 진영에서의 대인마크를 매우 중요시했으며 수비진영 뒤에 리베로(스위퍼)를 두면서 공간 커버플레이와 수비에서의 수적 우위를 두었다. 스타팅 라인업을 파케티-과르네리-부르니크로 구성했으며 이들은 매우 단단한 수비라인을 구축했다. 리베로(스위퍼) 자리에 위치한 피키는 리베로(스위퍼)의 역할을 아주 잘 이해한 선수 중 한 명이었다. 파케티는 왼쪽 수비수임에도 불구하고 공격에 많은 관여를 하였고 한 시즌에 20골을 득점한 적이 있을 정도로 공격 기여도가 높았다.

에레라는 오른쪽 윙어에 토르난테(공격시에는 윙어 - 수비시에는 풀백처럼 움직이는 포지션)라는 포지션을 사용했고 토르난테 자리에서는 자이르가 많은 경기를 소화했다. 또한 미드필더에서 넓은 시야와 창의적인 패스를 공급해 줄 수 있는 루이스 수아레스와 뛰어난 드리블 기술을 가지고 있는 주장이자 믿음직한 포워드 마쫄라를 보유하고 있었다. 에레라는 공격 작업시 주로 역습 전술을 선택했고 독특하고 뛰어난 선수들은 에레라의 전술에 완벽히 녹아들면서 에레라의 축구를 제대로 보여줄 수 있었다.

에레라 카테나치오의 핵심 지아킨토 파케티 선수

지아킨토 파케티의 활약은 유러피언 컵에서 더 빛이 나곤 했었다.

파케티의 인터밀란에서의 기록

우승 경력

- 스쿠데토 : 62/63, 64/65, 65/66, 70/71
- 코파 이탈리아 : 77/78
- 유럽 챔피언스리그 : 63/64, 64/65
- 인터컨티넨탈컵 : 1964, 1965

개인 기록

- 세리에A : 476경기 59득점

- 이탈리안컵 : 85경기 10득점
- 유러피안컵 : 73경기 6득점

지아킨토 파케티는 에레라의 독특한 카테나치오의 핵심적인 선수였다. 파케티는 보통 왼쪽 수비수 자리에 위치해서 경기를 펼쳤으며 종종 리베로(스위퍼) 위치에서 뛰기도 하였다. 그는 왼쪽 수비수와 리베로(스위퍼) 자리에서 이탈리아 역대 최고의 선수로 평가 받는다. 인터밀란은 그의 번호 3번을 영구 결번으로 지정했고, 곧 완공될 인터밀란의 새 홈구장의 명칭 역시 지아킨토 파케티가 유력하다.

파케티는 상대 공격수를 압도하는 강력한 태클을 구사했고 그것은 그의 트레이드 마크였다. 파케티는 수비적인 능력에서 최고 수준을 유지했을 뿐만 아니라 공격력 또한 뛰어났다. 그는 한 시즌에 20골을 득점한 적도 있을 정도였다. 그의 공격력은 에레라의 주 공격 루트인 역습에 많은 도움이 되었고 수많은 1대0 승리에 공헌하였다.

그는 60/61 시즌부터 77/78 시즌까지 약 19년 동안 인터밀란 소속으로 뛰었다.

에레라, 최고의 감독이자 최악의 감독

카테나치오를 집대성하면서 분명 축구사의 한 획을 그은 최고의 감독인 것은 분명하지만 그는 너무나 잔인한 면을 가지고 있었다.

타콜라의 사망   에레라가 AS로마를 지휘하던 시절, 당시 팀의 공격수로 활동하던 타콜라가 사망하는 사건이 발생했다. 타콜라가 심장병을 앓고 있었음에도 불구하고 에레라는 무리하게 경기를 출전시켰고 결국 그를 그 경기에서 45분 만에 교체시켰다. 그로부터 2주가 지난 뒤, 에레라는 여전히 몸이 완벽하지 않은 타콜라에게 무리한 훈련을 시켰고 타콜라는 벤치에서 경기를 지켜보다가 결국 사망하였다. 그 후 구단주와의 사이가 틀어지면서 에레라는 해임되었다.

엄격한 시스템   에레라는 술을 마시는 것과 담배를 피우는 것을 금하였다. 그리고 선수들의 체중도 조절하려고 했다. 또한 인테르가 로마에 경기를 하러 왔을 때, 그는 '로마에 이기러 왔다.'는 말 대신 '로마에 경기하러 왔다.'고 신문에 인터뷰한 선수를 출전시키지 않았고 선수들의 집에서 취침 점호도 하였다.

에레라는 과도한 합숙/칩거 시스템으로 인해 정신적으로 선수들에게 문제를 일으켰다고 한다. 가족들과의 만남도 한 달에 2번으로 제한하였고 구단관계자외의 외부인과는 접촉을 금하고 군대식으로 선수들을 다뤘다고 한다.

이러한 엄격한 시스템으로 선수들은 상습적인 구토와 불면증에 시달렸다.

약물 복용   그는 선수들에게 약물을 복용시켜 경기에 이용하였다고 한다. 인터밀란의 역사상 최고의 공격수 중 한 명으로 평가받는 마쫄라는 자신의 자서전에서 에레라에게 약물복용을 권유 받았다고 밝히기도 하였다.

승부조작 에레라는 또한 승부조작에도 관여했다고 알려졌다. 대표적인 승부조작은 유러피언 컵 샹클리의 리버풀과의 경기에서였는데 그 당시 인터밀란의 파울성 득점들이 모두 득점으로 인정되는 어이없는 상황이 벌어졌다. 경기 후 심판이 매수되었다는 증언이 확보되기도 했다.

더티플레이 에레라는 승리를 위해 수단과 방법을 가리지 않았던 감독이었다. 대표적인 예로 셀틱과의 유러피언 컵 결승전을 앞두고 벌인 견제 사례가 있다. 그 당시 셀틱 감독은 인터밀란의 전력 분석차 인터밀란과 유벤투스의 경기를 보려고 계획하였다. 그 사실을 안 에레라는 항공편과 숙박, 교통에 관해 모두 준비를 해놓겠다고 하며 셀틱의 감독을 초대한다.

셀틱 감독은 당연히 승낙했지만 경기 당일이 되자 에레라는 항공편, 교통편, 경기 티켓을 모두 취소해버린다. 다행히도 셀틱 감독은 준비해놓은 항공편이 있었고 택시를 타고 경기장에 도착한 후 친한 기자에게 부탁해 기자 출입증으로 간신히 경기를 볼 수 있었다고 한다.

에레라의 이러한 '꼼수'에 하늘이 벌을 내린 것인지 그 해 유로피언 결승전에서 에레라의 인터밀란은 셀틱의 공격축구에 패배하며 대회 3연패에 실패하였다.

3. 축구혁명, 아약스의 토탈 풋볼

'저승사자군단' 레알 마드리드 이후 최초로 유러피언 컵 3연패를 이룩한 팀은 네덜란드의 아약스였다. 그 당시 아약스의 토탈 풋볼은 축구혁명이라 불릴 정도로 놀라운 축구를 구사했다. 과연 아약스의 토탈 풋볼은 어떤 축구였으며 그 축구의 중심에는 누가 있었을까?

토탈 풋볼이란?

토탈 풋볼은 많은 이론을 도입한 공격적인 축구 전술이다. 토탈 풋볼은 지역방어와 포지션 체인지를 바탕으로 공격 지역부터 적극적인 압박을 한다는 게 특징이다. 또한 공격수의 수비가담, 수비수의 공격가담으로 '전원공격+전원수비' 형태를 취한다.

토탈 풋볼을 완성한 리누스 미켈스

리누스 미켈스 (1928~2005)

감독 경력

- 1962~1965 JOS
- 1965~1971 아약스
- 1971~1975 바르셀로나
- 1974년도 네덜란드 국가대표팀
- 1976~1978 바르셀로나
- 1978~1980 LA아즈텍
- 1980~1983 FC쾰른
- 1984~1988 네덜란드
- 1988~1989 바이에른 레버쿠젠
- 1990~1992 네덜란드 대표팀

우승 경력

- 아약스
  1966, 1967, 1968, 1970년 리그 우승/ 1967, 1970, 1971년 네덜란드 컵 우승/ 1971년 유러피언 컵 우승

- 바르셀로나
  1974년 리그우승 / 1978년 국왕배 우승

- FC쾰른
  1983년 서독컵 우승

- 네덜란드 대표팀
  1974년 월드컵 준우승, 1988년 유로대회 우승

리누스 미켈스는 20세기 최고의 감독으로 불린다. 그는 토탈 풋볼을 완성했으며 그것의 등장은 현대축구와 고전축구를 가르는 경계선이 되기도 한다.

 미켈스는 선수 시절 그저 그런 평범한 축구선수에 지나지 않았으나 그의 축구 재능은 1965년 아약스의 감독으로 취임한 이후부터 두각을 나타냈다. 당시 아약스는 부진에 시달려 2부 리그 강등의 위협을 받고 있었고, 전임 잉글랜드 감독에 의해 네덜란드 본연의 색깔을 잃은 축구를 하고 있었다. 이런 상황 속에서 팀의 재건을 떠맡은 미켈스는 철저한 개혁을 단행했다. 대부분의 아마추어 선수들을 모두 프로화시키고, 네덜란드인 국민성에 맞는 공격적인 축구 스타일을 추구했으며, 규율을 강화했다. 미켈스 감독의 개혁에 의해 아약스는 조직력이 강화되고 선수 의식이 향상되는 쾌거를 이루었다. 또한 아약스에서 이룬 미켈스의 가장 큰 업적이 있었으니 그것은 바로 토탈 풋볼의 완성이다.

 토탈 풋볼의 가장 중요한 특징은 공간의 활용이다. 미켈스는 포지션의 개념보다는 공간의 개념을 더 중요시했다. 미켈스는 브라질의 지역 방어와 헝가리의 포지션 체인지를 바탕으로, 팀 동료가 빠져나간 공간을 포지션에 관계없이 메워 들어가는 '공간 메우기'를 사용하면서 팀 전체가 하나의 유기체처럼 돌아가는 축구를 구사했다.

 또한 미켈스의 토탈 풋볼은 생각의 전환과 규칙의 활용으로 설명되곤 한다.

"기존의 틀에서 벗어나, 보다 공격적으로 경기를 운영하기 위해서는 지속적으로 앞으로 나아가려는 자세가 필요하다고 느꼈다. 60년대 대부분의 팀은 볼을 빼앗긴 후에 자기 진영까지 깊게 후퇴하곤 했다. 반면 나의 팀은 볼을 빼앗긴 후에 후퇴하지 않으려고 노력한다. 차이점은 바로 여기부터 시작된다."

미켈스는 볼을 빼앗긴 후에 후퇴하지 않으면서 그 자리에서 볼을 뺏고 압박해 다시 볼을 차지하곤 했다. 하지만 1대1 대인방어로 볼을 뺏어내긴 쉽지 않았고 이에 미켈스는 최후방 수비라인을 높게 올리기로 한다. 그로 인해 수비진과 공격진에서의 공간은 좁아지고 그 공간에서 적극적인 압박으로 인해 비교적 쉽게 볼을 빼앗아 올 수 있었다. 또한 미켈스는 최후방 수비라인을 올리면서 발생하게 되는 수비 뒷공간 문제를 오프사이드 룰을 활용하여 해결하며 그 약점을 최소화 시켰다. 오프사이드 트랩을 형성시켜 뒷공간에 침투하는 상대 선수들을 오프사이드 반칙에 걸리도록 유도했던 것이다.

미켈스의 토탈 풋볼을 구사하다보면 많은 체력이 소모되곤 하는데 미켈스는 체력소모를 줄이기 위해 선수들에게 볼 소유권을 가져오면 가급적 오래도록 유지하면서 체력소모를 줄였다.

이러한 토탈 풋볼을 앞세운 미켈스는 아약스와 함께 네덜란드 리그 4회, 컵 대회 3회, 유러피언 컵 1회 등 많은 우승컵을 차지하며 영광의 시대를 누렸다.

스테판 코바치, 미켈스 못지않은 업적을 이루다

스테판 코바치(1920~1995)

감독 경력

- 1956~1958 클루지
- 1958~1967 루마니아 국가대표팀 코치
- 1967~1970 슈테아우아 부쿠레슈티
- 1971~1973 아약스
- 1973~1975 프랑스 국가대표팀
- 1976~1981 루마니아 국가대표팀
- 1981~1983 파나시나이코스
- 1986~1987 AS모나코

우승 경력

- 슈테아우아 부큐레슈티

루마니아 리그 우승 1968년
루마니아컵 1967, 1969, 1970년

* 아약스
  유러피언 컵 1972, 1973년
  인터콘티네탈컵 1972년
  유러피언 슈퍼컵 1972, 1973년
  네덜란드리그 1972, 1973년
  네덜란드컵 1972년
  (1971/1972시즌은 모든 대회 전관왕)

* 파나시나이코스
  그리스컵 1982년

　스테판 코바치는 선수 시절 평범한 스트라이커였다. 그는 팀에서 괜찮은 스트라이커였으나 유명세를 타지는 못했고 감독이 된 후에 그의 재능이 발휘되기 시작했다. 그는 루마니아의 대표적인 클럽 슈테아우아 부큐레슈티에서 4번의 우승컵을 들어 올린 후 미켈스가 떠난 아약스의 감독으로 선임되었다.
　하지만 코바치가 아약스의 감독으로 부임할 당시만 해도 네덜란드 언론과 아약스 선수들은 코바치의 능력을 의심했다고 한다.

　전임 감독 미켈스 밑에서 엄격한 규제를 받았던 한 선수는 훨씬 더 쉬워 보이는 신임 감독에게 "우리 머리 길이는 마음에 드십니까?" 라고 물었다. 코바치는 "난 감독으로 여기에 온 거지, 미용사로 온 게 아니야." 라고 답했다. 몇 분 뒤, 볼 하나가 터치라인에 서 있는 그를 향해 무릎 높이로 튀며 굴러왔다. 그는 단 한 번의 움직임으로 볼을 트래핑한 후 선수들에게 되돌려주었다.

그렇게 코바치는 시험을 통과했고, 다시는 감독으로서의 능력을 의심하는 이가 없었다.

그는 미켈스의 토탈 풋볼을 그대로 사용했으나 선수를 다루는 방식에서는 미켈스와 달랐다. 그는 미켈스와 달리 선수들에게 '자유'를 부여했고 코바치가 부여한 자유는 선수단에게 좋은 영향을 끼쳤다. 코바치가 이끈 아약스는 저승사자군단 이후로 아무도 해내지 못한 유러피언 컵 3연패를 달성해냈고 네덜란드 리그나 컵대회에서 많은 우승 트로피를 획득했다.

또한 코바치는 선수단을 유연하게 활용하면서 많은 선수들이 경기에 뛸 수 있게 했다.

분명 코바치의 아약스가 들어 올린 많은 우승컵의 뒤엔 전임 미켈스가 다져놓은 토탈 풋볼의 후광도 있었지만, 코바치의 지도력이 없었다면 과거의 영광을 이어나가는 성과를 얻지 못했을 것이다.

토탈 풋볼을 가장 완벽하게 이해한 요한 크루이프

요한 크루이프(1947~현재)

선수경력 & 감독경력

⚽ 선수
  1964년~1973년 아약스
  1973년~1978년 FC바르셀로나
  1979년~1980년 로스앤젤레스 아즈텍스
  1980년~1981년 워싱턴 디플로매츠
  1981년 레반테UD
  1981년~1983년 아약스
  1983년~1984년 페예노르트

⚽ 감독
  1985년~1988년 아약스
  1988년~1996년 FC바르셀로나
  2009년~ 카탈루냐 대표팀

우승경력/수상/개인기록

⚽ 우승경력 선수
  - AFC 아약스
    네덜란드리그 : 1966년, 1967년, 1968년, 1970년, 1972년, 1973년, 1982년, 1983년
    KNVB컵 : 1967년, 1970년, 1971년, 1972년, 1983년
    유로피언컵 : 1971년, 1972년, 1973년
    인터컨티넨탈컵 : 1972년
    UEFA 슈퍼컵 : 1972년, 1973년
  - FC 바르셀로나

스페인 리그 : 1974년
스페인컵 : 1978년

- 페예노르트
네덜란드리그 : 1984년
KNVB컵 : 1984년

∵ 우승경력 감독
 - AFC 아약스
 KNVB컵 : 1986, 1987년
 UEFA컵 위너스컵 : 1987년
 - FC 바르셀로나
 스페인 리그 : 1991, 1992, 1993, 1994년
 스페인컵 : 1990년
 UEFA컵 위너스컵 : 1989년
 유로피언컵 : 1992년
 UEFA 슈퍼컵 : 1992년

∵ 개인
 발롱도르 : 1971, 1973, 1974년
 FIFA 월드컵 골든볼 : 1974년
 FIFA 월드컵 올스타팀 : 1974년
 네덜란드 올해의 선수상 : 1984년
 온즈도르 : 1992, 1994년

요한 크루이프를 설명함에 있어 '역대 최고의 축구지능을 가진 선수'라는 표현은 결코 과장이 아니다. 그는 훈련하는 것을 매우 싫어했고, 오만할 정도로 자신감에 차있었지만, 그럼에도 그는 언제나 최고의 자리에 있었다.

크루이프 曰
"축구는 몸이 아니라 머리로 하는 것이다."
"나는 내 자신이 천재라는 걸 알았다."
"나는 수퍼스타다."
"공을 가지면 내가 주역이다. 결정하는 것도, 창조하는 것도 나다."

미켈스 曰
"예전에 동화를 읽다보면 놀고먹는 베짱이는 실패하고 노력하는 개미는 성공하죠. 하지만, 스포츠에선 타고난 베짱이가 성공합니다. 크루이프가 그런 케이스죠. 크루이프는 절대로 연습을 안 하는 다시 말해서 노력조차 안하는 그런 선수죠."

크루이프는 화려함과 단조로움을 모두 가지고 있는 선수였다. 그는 놀라운 패스와 화려한 개인기로 팬들과 상대편 선수들을 압도하고 많은 득점을 하는 화려한 선수인 것과 동시에 운동장을 쉼 없이 뛰어다니면서 압박하고 볼을 탈취해 팀에게 전달하는 단조로움을 가진 선수였다. 또한 뛰어난 전술 이해 능력을 지니고 있었으며 미켈스와 코바치가 원하는 바를 경기장에서 지시할 수 있는 경기장 안의 사령관이었다.

그는 선수 시절과 감독 시절 모두 토탈 풋볼을 완벽하게 구현해낸 유일한 인물로 평가받았으며, 토탈 풋볼을 더욱 발전시켜 현대 축구에 지대한 영향을 미치기도 하였다.

4. 밥 페이즐리와 케니 달글리시의 유럽 정복기

리버풀의 부흥을 이끈 빌 샹클리 감독과 부흥의 중심에 있었던 케빈 키건. 그들의 후계자인 밥 페이즐리와 케니 달글리시는 리버풀의 부흥을 넘어 유럽을 정복했다.

'유럽 챔피언스리그 최다 우승 감독' 밥 페이즐리

밥 페이즐리 (1919~1996)

감독 경력

⚽ 1974년~1983년 리버풀FC

우승 경력

∴ 리버풀FC

잉글랜드 풋볼 디비전1 1975/1976, 1976/1977, 1979/1980, 1981/1982, 1982/1983

리그 컵 1980/1981, 1981/1982, 1982/1983

커뮤니티 쉴드 1974년, 1976년, 1977년, 1979년, 1980년, 1982년

유로피언 컵 1976/1977, 1977/1978, 1980/1981

UEFA 컵 1975/1976

UEFA 슈퍼컵 1977년

개인 수상

- Officer of the Order of the British Empire : 1983년
- Inaugural Inductee to the English Football Hall of Fame : 2002년
- Football Manager of the Year Award : 1975/1976, 1976/1977, 1978/1979, 1979/1980, 1981/1982, 1982/1983

1974년 7월은 리버풀의 '위대한 지도자' 빌 샹클리의 감독 은퇴로 떠들썩했다. 누가 용감하게 나서서 위대한 빌 샹클리의 임무를 이어갈 수 있을까? 리버풀 경영진에게는 단 하나의 이름만이 리스트에 올라 있었다. 바로 밥 페이즐리.

밥 페이즐리는 선수시절부터 물리치료사로 활동했고, 코치시절까지 자신의 축구인생을 오직 리버풀에서만 보내왔었

고, 1959년부터 줄곧 빌 샹클리를 도왔기에 빌 샹클리의 업적을 이어갈 수 있는 코치였다. 하지만 밥 페이즐리는 주목을 받는 걸 꺼려했고, 밥 페이즐리를 감독직에 선임하는 것은 빌 샹클리의 감독복귀만큼 어려웠다고 한다. 리버풀은 밥 페이즐리와 그의 가족들을 확신시키기 위해 많은 노력을 했고, 결국 밥 페이즐리는 "엄청난 강풍 속에서 퀸 엘리자베스호를 조종하는 것과 같군요."라는 말과 함께 감독직을 승낙했다.

많은 노력과 달리 첫 시즌 밥 페이즐리의 리버풀은 채리티 쉴드에서만 우승컵을 거뒀을 뿐 사실상 무관에 그친다. 하지만 다음 시즌 밥 페이즐리의 리버풀은 UEFA컵 우승과 리그 우승 더블을 이루면서 그들의 전성시대를 열게 된다.

이후 밥 페이즐리의 리버풀은 케니 달글리쉬, 이안 러쉬 등의 슈퍼스타들을 배출해내면서 유럽 최고의 팀으로 등극한다. 유러피언 컵 3회 우승, 리그 5회 우승 등 9년간 총 20개의 트로피를 들어 올리면서 리버풀 역사상 최고의 전성기를 보냈고, 수십 년이 지난 지금도 수많은 축구팬들에게 전설로 회자되고 있다.

밥 페이즐리는 탁월한 재능을 가진 선수를 발굴하는 능력과 선수단 관리능력, 선수의 최대치를 끌어내는 능력이 뛰어난 감독이었다. 실제로 리버풀 선수단은 체력적으로 정신적으로 강인했으며, 밥 페이즐리는 케니 달글리쉬, 이안 러쉬 등의 좋은 선수들을 발굴해내고, 최고로 만들었다. 그리고 밥 페이즐리는 30년이 지난 지금도 타이기록이 없는 유럽 챔피언스리그를 3회 우승시킨 감독이다.

리버풀의 '킹' 케니 달글리시

케니 달글리시 (1951년~현재)

선수 경력

- 1969년~1977년 셀틱FC
- 1977년~1990년 리버풀FC

우승 경력

- 팀
  - 셀틱FC

  Scottish First Division : 1971/1972, 1972/1973, 1973/1974, 1976/1977

  Scottish Cup : 1971/1972, 1973/1974, 1974/1975, 1976/1977

  Scottish League Cup : 1974/1975

  - 리버풀FC

  잉글랜드 풋볼 디비전1: 1978/1979, 1979/1980, 1981/1982, 1982/1983, 1983/1984, 1985/1986

  FA컵 : 1985/1986, 1988/1989

  리그 컵 : 1980/1981, 1981/1982, 1982/1983, 1983/1984

  커뮤니티 쉴드 : 1977년, 1979년, 1980년, 1982년, 1986년, 1988년, 1989년

  유로피언 컵 : 1977/1978, 1980/1981, 1983/1984

  UEFA 슈퍼 컵 : 1977년

❖ 개인

　　Ballon d'Or Silver Award : 1983년
　　FWA Footballer of the Year : 1980년, 1983년
　　PFA Player of the Year : 1983년
　　FWA Tribute Award: 1987년
　　Scottish Premier Division Golden Boot : 1976년
　　Manager of the Year Award : 1986년, 1988년, 1990년, 1995년
　　Premier League Manager of the Month : January 1994, November 1994
　　Freedom of the City of Glasgow : 1986년
　　Inaugural Inductee to the English Football Hall of Fame : 2002년
　　Member of the FIFA 100
　　Member of the Scotland Football Hall of Fame
　　Most caps for Scotland: 102
　　Most goals for Scotland: 30

'킹' 케니 달글리시는 리버풀이 셀틱FC에게 44만 파운드를 지불하고 케빈 키건의 대체자로 영입했던 선수로, 포워드 위치에서 케빈 키건 혹은 케빈 키건 이상의 임팩트와 활약을 보여주었다. 그의 최대 장점은 완벽한 퍼스트 터치, 빠른 스피드와 드리블 기술에 이은 날카로운 득점감각이었다. 달글리시는 자신의 장점을 잘 살린 플레이로 수많은 득점과 승리를 따낼 수 있었다. 달글리시의 특출난 재능은 리버풀

을 유럽 최고의 팀으로, 자신을 유럽 최정상의 선수로 올려놓았다.

5. 축구의 진화, 골든 제네레이션! 사키의 AC밀란

축구의 진화를 이끌어낸 아리고 사키

아리고 사키(1946~현재)

감독 경력

- 1985년~1987년 파르마
- 1987년~1991년 AC밀란
- 1991년~1996년 이탈리아 대표팀
- 1996년~1997년 AC밀란

- 1998년~1999년 아틀레티코 마드리드
- 2001년 파르마

우승 경력

- 파르마
  세리에 C1 우승 1986년
- AC밀란
  세리에A 우승 1988년/ 수페르코파 이탈리아 1988년/ 유러피언 컵 1989, 1990년/ 유러피언 슈퍼컵 1989, 1990년/ 인터네셔널 컵 1989, 1990년

아르고 사키는 집안의 반대로 인해 프로 축구 선수로서의 경험이 전무(全無)했다. 그는 셀링 회사에 취직해 일을 하면서 틈틈이 코칭 스쿨을 다녀 축구에 대한 기본이론을 다졌다.

그는 파르마에서 감독직을 시작했는데, 파르마를 이끌면서 섬세하고 조직적인 축구를 구사하고, 컵대회에서 AC밀란을 상대로 승리를 거두는 등의 성과를 이루어낸 결과 AC밀란의 감독으로 취임하게 된다.

당연히 그는 AC밀란 취임 당시 팬들과 언론으로부터 신뢰를 받지 못했다. 선수 경험이 없고 감독 생활도 파르마에서 한 번 밖에 해보지 못한 감독이 명문 AC밀란의 수장이 되었으니 그럴만도 한 일이었다. 팬들과 언론의 우려대로 사키의 밀란은 초창기 매우 부진했다.

하지만 AC밀란의 구단주 베를루스코니는 사키에게 계속된 신뢰를 보냈고 그 신뢰에 보답이라도 하듯 사키는 AC밀란에 리그 1회, 유러피언 컵 2회 등 많은 우승 트로피를 안겨주며 팀의 황금기를 이끌었다.

아르고 사키는 매우 엄격한 지도자였다. 축구팬들에게 엄격하기로 잘 알려진 파비오 카펠로 역시 사키에 비하면 매우 부드러운 감독이라는 소리가 들릴 정도로 말이다. 그는 또한 전통과 고정관념의 틀을 거부했으며, 엄격한 지도자답게 훈련 강도 또한 매우 강했다. 그 당시 이탈리아 리그의 대부분의 팀이 훈련 강도가 강했다고 전해지는데 그 가운데 최고로 고된 훈련 시간을 보낸 이들이 바로 AC밀란의 선수들이었다.

사키이즘[2]

미켈스의 토탈 풋볼의 업그레이드 버전인 사키이즘은 4-4-2 포메이션을 기반으로 수비시에는 최전방 공격수를 제외하고 전원 수비에 가담하며 공격시에는 센터백이 하프라인 근처까지 위치하면서 전원 공격을 시도하는 전술이다.

여기서 특별한 건 최후방 수비라인과 최전방 공격라인까지 거리를 최대 25M 정도를 두면서 공간을 컨트롤해 타이

---

[2] 현대 축구의 지대한 영향을 미친 사키의 전술 색깔을 표현하기 위해 사키의 이름을 빌려 사키이즘이라고 한다.

트한 경기 운영을 했다.

사키는 존 프레스와 오프사이드 트랩을 중심으로 수비 전술을 구성했으며 그들의 수비 전술은 이탈리아와 유럽에서 크게 성공하였다. 또한 사키이즘은 최대한 빠른 시간에 압박에 성공하여 곧바로 공격으로 연결하는 것을 중시하는 공격적인 전술이라 할 수 있다. 압박을 통해 볼을 탈취한 뒤 측면을 통한 빠른 역습으로 이어나가는 것이 사키이즘의 주 공격 루트였다.

또한 풀백의 적극적인 오버래핑과 화려한 측면 미드필더들을 통해 공격을 마무리 짓곤 하였다. 하지만 사키이즘의 단점은 선수들에게 너무 많은 움직임을 요구해 엄청난 체력 손실이 일어나고, 선수들 개개인에게 뛰어난 전술 이해도를 요구한다는 점이었다.

이후 사키이즘은 다른 추종자들에 의해 더 효율적으로 발전했고 축구사에서 사키이즘은 전설로 남아 있다.

밀란 골든제네레이션, 누가 있나?

[밀란 골드제네레이션]

AC밀란은 위에서 언급한 것과 같이 4-4-2 포메이션을 주 포메이션으로 사용하였다. 그들은 매 경기 많은 거리를 뛰었고, 공이 없을 때도 성실히 움직여주곤 하였으며, 매우 조직적인 팀이었다.

역대 최고의 팀으로 불리는 AC밀란(1988~1990)

❖ AC밀란의 든든한 수문장 갈리. 비록 이탈리아 국가대표팀에서는 젱가에 밀리는 후보 신세였지만 역대 최고의 팀으로 불리는 사키의 AC밀란에서는 확고한 주전 골키퍼로 활약하며 좋은 세이브를 보여주었다.

❖ 유럽 축구팬들이면 누구나 들어봤을 이름 말디니. 그는 타고난 재능으로 어린 나이 때부터 AC밀란 소속으로, 그것

도 주전으로 많은 경기를 소화했다. 아이러니한 것은 왼쪽 풀백임에도 불구하고 오른발잡이라는 것이다. 수비력은 단연 최고이며 오버래핑시의 드리블, 크로스 모두 매우 위협적이었다. 현재 그의 등번호 3번은 영구 결번이다.

⚽ 역대 최고의 수비수로 불리는 바레시. 바레시는 작은 키에도 불구하고 높은 점프력을 보유해 단점을 극복했다. 빌드 업 능력과 효율적인 오프사이드 트랩 사용, 수비진을 리딩하는 능력이 그의 강점이었다. 말디니와 마찬가지로 그의 등번호였던 6번 역시 영구 결번되었다.

⚽ '파워 디펜스' 코스타쿠르타. 코스타쿠르타는 역대 최고의 수비수 바레시와 환상의 호흡을 보여주면서 AC밀란의 수비진을 이끌었다. 빌드 업 능력과 수비 리딩 능력이 뛰어났다.

⚽ 강인한 체력과 날카로운 킥력을 바탕으로 필드를 지배했던 타소티. 그는 AC밀란의 주전 라이트백으로 수많은 시즌 동안 AC밀란의 오른쪽을 책임졌다.

⚽ '낙타' 레이카르트. 그는 수비형 미드필더의 표본으로 꼽힌다. 링커 역할을 아주 잘 소화해주었고 거친 플레이와 지능적인 플레이가 섞인 그의 플레이는 보는 이들에게 감탄을 자아냈다.

◦ 열정적인 미드필더, 카를로 안첼로티. 그는 강인한 체력을 바탕으로 공격과 수비에서 큰 부분을 차지하고 있었다. 쉬지 않고 뛰어다니면서 상대를 압박하고 볼을 빼앗아내는 모습이 인상적인 선수였다. 사키가 가장 아끼는 선수 중 하나라고 하며 사키이즘의 추종자이기도 하다.

◦ 풀백에서 윙어로 포지션 변경을 감수하고도 좋은 활약을 보여준 에바니. 그는 좋은 킥력을 바탕으로 왼쪽 측면에서 양질의 크로스를 공급했고 뛰어난 프리킥 능력 역시 보유하고 있었다.

◦ 위대한 멀티 플레이어, 루드 굴리트. 루드 굴리트는 탄력적인 몸과 최고의 축구지능을 가지고 있었다. 그는 골키퍼를 제외한 모든 포지션에서 경기를 소화할 수 있는 선수였다.

◦ 유럽 역사상 최고의 스트라이커, 마르코 반 바스텐. 그는 완벽한 포워드로 설명되곤 한다. 188cm라는 큰 키를 바탕으로 포스트플레이에 능했으며 테크닉과 골 결정력, 스피드, 드리블, 플레이메이킹 모든 면에서 두각을 나타냈던 천재적인 공격수였다.

6. 무적이란 단어가 가장 잘 어울렸던 팀. 무리뉴의 첼시

무적의 팀 첼시의 일원들

무리뉴의 첼시 포메이션

첼시는 주로 4-3-3 포메이션을 사용했으며 최고의 골리, 단단한 수비진, 기동력 좋은 미드필더, 빠른 측면 포워드, 타겟형 공격수를 가지고 오직 승리를 위한 축구를 구사했다. 비록 이 시절 첼시의 축구는 화려하지는 않았으나 역대 팀들 중에 가장 실속 있는 축구를 구사한 것은 분명했다.

∙ 세계 최고의 골키퍼, 페트르 체흐. 지금은 헤드기어 맨으로 팬들에게 많이 알려져 있지만 이 시기에는 헤드기어를 쓰지 않고 첼시의 골문을 지켰다. 196cm로 아주 좋은 신체조건을 지니고 있으며 놀라운 슈퍼세이브, 안정적인 공중볼 처리 능력으로 부폰과 함께 세계 최고의 골키퍼로 이름을 날렸다.

∙ 만능 레프트 백, 윌리엄 갈라스. 당시 갈라스-갈라스-테리-갈라스가 첼시의 포백라인이라는 말이 있을 정도로 첼시

수비진에서 영향력이 컸던 선수.

※ 잉글랜드 역사상 최고의 센터백 존 테리. 수비 리딩, 제공권, 투지, 맨마킹, 커버링, 인터셉트, 수비수가 갖추어야 할 모든 것을 가진 선수.

※ '나노 태클러' 히카르도 카르발료. 깔끔하고 세밀한 태클과 뛰어난 판단력이 장점인 선수.

※ 수비지능이 뛰어났던 파울로 페레이라. 페레이라는 라이트 백과 레프트 백을 모두 차이 없이 소화할 수 있을 정도로 수비지능이 뛰어났었고 경기장에서의 침착함과 노련함이 돋보였었다.

※ '마케렐레 롤' 클로드 마케렐레. 4-3-3 시스템의 핵심적인 역할을 창조한 것과 다름없는 선수. 포백과 하나되는 움직임, 볼의 흐름을 읽는 두뇌, 인터셉트 후 빠르고 정확한 다이렉트패스 등 수비형 미드필더라는 포지션을 가장 잘 이해한 선수로 평가받는다.

※ '푸른 심장' 프랭크 램파드. 무리뉴 지도 아래 최고의 선수로 성장했다. 공간 침투 능력, 골 결정력, 오프더 볼 움직임, 기동력으로 잉글랜드와 유럽을 지배했던 미드필더.

※ '금발의 아이슬란드인' 아이두르 구드욘센. 환상적인 슈

팅스킬을 장착한 재주꾼으로, 기술이 좋고 팀 동료를 활용하는 능력 역시 발군이었다.

⚽ '폭풍 드리블러 1호' 아르연 로벤. 개인능력이 탁월하고 스피드를 이용해 상대 수비진을 쉽게 벗겨냈었다. 부상이 잦아 많은 출전을 하지는 못했으나 출전 때마다 최고의 활약을 보여주며 첼시의 승리에 공헌했다.

⚽ '폭풍 드리블러 2호' 데미안 더프. 폭풍 드리블러라는 별명이 붙을 만큼 스피드와 드리블 능력이 탁월했다. 직접 드리블로 득점을 노리기보다는 크로스와 패스로 팀에 많은 공헌을 한 선수.

⚽ 첼시에 창조성을 불러일으킨 조 콜. 본래 포지션은 미드필더였으나, 무리뉴 아래서 윙어로 성장했다. 측면에서의 플레이 메이킹이 일품이며 두뇌플레이로 무에서 유를 창조했었다.

⚽ '검은 예수' 디디에 드로그바. 무리뉴 지도 아래 유럽 최고의 스트라이커로 성장하게 된다. 전방에서 볼을 머리가 아닌 발로 간수할 수 있는 능력을 가지고 있을 수 있는 몇 안되는 스트라이커였다.

'SPECIAL ONE' 조세 무리뉴

조세 무리뉴 (1963~현재)

감독 경력

- 2000년 벤피카
- 2001년~2002년 UD레이리아
- 2002년~2004년 FC포르투
- 2004년~2007년 첼시FC
- 2008년~2010년 인터밀란
- 2010년~현재   레알 마드리드

우승 경력

- FC포르투
  포르투갈 리가 우승 2002/2003, 2003/2004
  포르투갈 슈퍼컵 2003년
  포르투갈 컵 2002/2003
  UEFA 챔피언스리그 우승 2003/2004
  UEFA 컵 2002/2003

- 첼시FC
  잉글랜드 프리미어리그 우승 2004/2005, 2005/2006
  리그 컵 2004/2005, 2006/2007
  FA컵 2007년
  커뮤니티 쉴드 2005년

- 인터밀란
  세리에A 2008/2009, 2009/2010
  이탈리아 슈퍼컵 2008년
  코파 이탈리아 2009/2010
  UEFA 챔피언스리그 우승 2009/2010

- 레알 마드리드
  프리미레라리가 2011/2012
  코파델레이 2010/2011
  수페르코파 데 에스파냐 2012년

개인 수상

- Onze d'Or Coach of the Year : 2005년, 2010년
- FIFA World Coach of the Year : 2010년
- IFFHS World's Best Club Coach : 2004년, 2005년, 2010년, 2012년
- Primeira Liga Manager of the Year : 2002년~2003년, 2003년~2004년
- Premier League Manager of the Year : 2004년~2005년, 2005년~2006년
- Premier League Manager of the Month : November 2004, January 2005, March 2007
- Serie A Manager of the Year : 2008년~2009, 2009년~2010년
- Albo Panchina d'Oro : 2009년~2010년
- Miguel Muñoz Trophy : 2010년~2011년, 2011년~2012년
- UEFA Manager of the Year : 2002년~2003, 2003년~2004년
- UEFA Team of the Year : 2003년, 2004년, 2005년, 2010년
- World Soccer Magazine World Manager of the Year : 2004년, 2005년, 2010년
- LPFP Awards Best Portuguese Manager in Foreign Countries : 2008년~2009년, 2009년~2010년
- BBC Sports Personality of the Year Coach Award : 2005년

- La Gazzetta dello Sport Man of the Year : 2010년
- International Sports Press Association Best Manager in the World : 2010년
- Prémio Prestígio Fernando Soromenho : 2012년

조세 무리뉴는 포르투갈 대표팀 골키퍼 출신의 아버지 펠렉스 무리뉴의 아들로 1963년 태어난다. 비교적 유복한 가정환경에서 성장했으며, 소년시절 아버지의 영향으로 어린 시절부터 축구와 밀접한 관계를 맺었다. 소년시절 무리뉴는 아버지 밑에서 상대팀의 약점을 찾아오는 역할을 맡았고, 포르투갈 유소년 대표팀에 선발될 정도로 축구에 재능이 있었지만 부상으로 축구선수에 대한 꿈을 접어야했다. 그 후 무리뉴는 체육교사가 되었지만 자신의 꿈이었던 지도자로서의 길을 택하기로 한다. 언어에 강점이 있던 무리뉴는 바비 롭슨 감독 밑에서 통역관으로 스텝 역할을 시작했고, 바비 롭슨, 루이스 반 할의 어시스트 코치(FC바르셀로나)를 지내면서 축구에 대한 이해도를 높이며 자신의 재능을 발견하게 된다.

FC바르셀로나 어시스트 코치시절 뛰어난 전술능력을 인정받아, 포르투갈의 여러 클럽에게 감독 제의를 받고 00-01시즌 벤피카의 지휘봉을 잡으며 감독으로서의 경력을 쌓기 시작한다. 당시 부진에 빠진 벤피카를 맡았으나 구단 프런트와의 불화로 8경기만에 스스로 감독직을 그만둔다. 그리고 01-02시즌 레이리아 감독으로 취임해 리그 4위까지 팀을

끌어올렸고, 그 공로를 인정받아 당시 부진에 빠진 FC포르투의 지휘봉을 잡아 15경기 11승 2무 2패라는 좋은 성적으로 팀의 순위를 3위까지 올렸다. 그리고 02-03시즌 무리뉴는 FC포르투를 포르투갈 리그와 포르투갈 컵, 유로파리그를 우승으로 이끌어 미니 트레블을 달성시킨다. 03-04 시즌에는 보다 압도적인 기세로 리그 2연패를 달성했으며, 유럽 챔피언스리그에서 맨체스터 유나이티드, 올림피크 리옹, 데포르티보, AS모나코를 차례대로 무찌르며 FC포르투를 유럽 챔피언으로 등극시켰다.

FC포르투에서 빅 클럽을 이끌 지도력을 인정받은 무리뉴는 '러시아 억만장자' 로만 아브라모비치가 구단주로 있는 첼시FC의 지휘봉을 잡게된다. 그리고 획기적인 4-3-3 시스템으로 첼시를 리그 2연패, FA컵 우승, 칼링컵 우승 등 창단 이래 최전성기를 구가한다. 비록 2007년 구단주 로만 아브라모비치의 불화로 첼시와 계약을 상호해지하면서 첼시와 이별하지만 6년이 지난 지금도 첼시에는 무리뉴의 향기가 남아 있다.

첼시와 계약을 해지한 후 잉글랜드 대표팀 등 여러 명성 있는 축구 팀들에게 감독 제의를 받았지만 모두 거절했고, 2008년 로베르토 만치니 감독의 후임으로 인터밀란의 지휘봉을 잡게 되었다. 08-09 시즌 세리에A, 코파 이탈리아 우승으로 인터밀란에서 좋은 시작을 보낸 무리뉴는 09-10 시즌 세리에A, 코파 이탈리아, 유럽 챔피언스리그에서 우승하면서 이탈리아 역사상 최초로 트레블을 달성하는 쾌거를 이뤘다. 그리고 인터밀란 감독직에서 사의를 표하며 레알 마드리드로 보금자리를 옮긴다.

무리뉴는 레알 마드리드에서 10-11시즌 리그 준우승과 코파 델레이 우승을 이끌었으며, 다음 시즌 11-12 시즌에는 승점 100점이라는 경기로운 기록으로 프리메라리가 승점 신기록을 세우며 리그 우승을 거두었다. 또한 몇 년간 번번히 유럽 챔피언스리그 토너먼트 16강에서 고배를 마셨던 레알 마드리드를 3시즌 연속 4강에 올려놓으면서 현재 자신의 지도력을 마음껏 뽐내고 있다.

'SPECIAL ONE' 조세 무리뉴 감독은 세밀한 분석(선수들의 체지방 수치, 시간별 활약도)을 바탕으로 팀을 이끌며, 팀의 전력에 맞게 각 팀마다 새로운 전술을 구사하는 재능있는 감독이다. 선수들과의 소통에도 큰 장점을 보이는데, 강력한 카리스마로 선수단을 휘어잡고 인간적인 부드러움으로 선수들에게 감동을 선사하기도 하는 로맨틱한 감독으로 잘 알려져 있다.

무리뉴 어록

- "나는 주변에 널려있는 시시한 감독들과는 다르다, 나는 스페셜 원(Special One)이다."

- "나에게 축구란 징크스, 통계가 아니다."

• (맨체스터Utd의 퍼거슨 감독이 무리뉴가 이끄는 첼시의 거액 지출을 비난하자)
"퍼거슨 감독의 말이 맞다. 돈만으로는 챔피언이 될 수 없으며, 승리를 보장받을 수도 없다. 내가 과거 그들의 10% 예산에 불과한 포르투를 이끌고 맨유를 박살낸 것이 그 증거다."

• "아스날은 훌륭한 감독과 선수들을 보유했지만 축구가 승리해야하는 스포츠임을 망각하고 있다. 첼시는 멋진 경기를 보여주지는 못해도 항상 승리한다."

• "리버풀의 역사는 위대하고 난 그 역사를 존중한다. 그러나 첼시가 지난 3년간 2번의 리그 우승을 이룬 반면, 위대한 리버풀은 20년간 우승하지 못했다."

• "지금 첼시의 축구 스타일은 내가 원하는 것과는 거리가 멀다. 하지만 감독은 항상 자신의 취향이 아닌, 우승의 목표에 맞추어 팀을 이끌어야만 한다."

• "축구는 나를 나이들게 하지 않는다."

• "위선자가 되어 사람들에게 사랑을 받는 것보단, 솔직한 것이 낫다."

• "세계 각지의 스타 플레이어들 중엔 오직 돈과 자신만

을 생각하며 아름다운 인생을 꿈꾸는 사람들이 있다. 하지만 나의 첼시는 다르다. 첼시의 선수들은 팀의 결과와 성공만을 위해 헌신한다."

❖ "쉬지 말고 뛰어라, 너희들이 받는 돈 이상으로 뛰어야만 살아남을 수 있다."

❖ (기자회견장에서 한 기자가 무리뉴에게 한때 바르샤에서 통역관이나 했던 주제에 왜 이렇게 거만하냐고 딴지를 걸자)
"그 당시의 난 바르셀로나의 통역관이었지만 지금은 첼시의 감독이다. 내가 통역관에서 세계 최고의 클럽 감독이 되는 동안 당신은 여전히 삼류 기자에 멈춰있다. 그동안 당신은 대체 무엇을 했나?"

❖ "우리가 승리를 거뒀을 때 그것은 우리 모두가 이긴 것이다, 하지만 우리가 패배했을 때 그것은 내가 패배한 것이다."

❖ (2연패를 당한 뒤, 한 기자가 압박감을 받지는 않느냐고 질문하자)
"돈이 부족해 자녀에게 먹을 것을 사다주지 못하는 전 세계 부모들이 느끼는 감정, 그와 같은 것을 압박감이라 한다. 축구엔 없다."

❖ (06/07시즌 끝내 우승에 실패하자 수고했다고 무리뉴에게 박수를 치는 팬들에게)

"나에게 박수를 보내지 말고 숨이 턱 밑까지 차도록 뛰어준 선수들에게 박수를 보내라"

"그리고 선수들이여, 너희들은 환호 받을 자격이 있다. 기죽지 말고 고개를 들어라"

❖ "과거의 역사는 박물관에서나 찾아라, 난 현재와 미래를 위해 일한다."

❖ "중압감은 1등에게 어울리는 말이 아니다. 2등이나 3등에게 오는 거지."

❖ "난 어릴 때부터 내가 최고의 선수가 될 수 없다는 것을 알았다. 그래서 감독으로서 세계 최고가 되기로 결심했다. 매년 하루 한시가 미래 감독직을 위한 대비였다."

❖ (뉴캐슬의 감독의 역임했던 그래엄 수네스가 "무리뉴가 이빨을 놀리는 것은 스트레스 때문에"라고 말하자)
무리뉴 감독은 어이없다는 표정을 지은 뒤 "지금 수네스는 어디서 일하는 거지?"라고 반문했다(당시 수네스는 뉴캐슬 성적 부진으로 해임된 무직상태였다).

❖ (요한 크루이프 "첼시의 무리뉴 감독은 이기는데만 집중한다. 재미도 없고 상대팀을 존중하지도 않는다. 난 결과만 추구하는 지도자들을 동정하고 싶지 않다. 무리뉴에게 아약스의 토털사커를 가르칠수 있다면 행복할 것이다." 라

고 말하자)

"크루이프가 가르쳐주지 않아도 난 늘 발전하고 있고 트로피를 들어 올리고 있다. 첼시 역시 해가 가면 갈수록 강해지고 있다. 크루이프는 아직도 과거 속에서 살고 있는 듯 하다. 그가 좀 더 좋은 감독이 되기 위해서 내가 도와줄 수 있다."

⚽ (05-06 시즌에 맨유가 리그후반 10연승을 하면서 첼시를 턱밑까지 쫓아오자)
"내가 두려워 하는 건 오직 신뿐이다. 축구에서 두려울 게 뭐가 있냐? 나는 맨유보다 조류독감이 더 두렵다."

⚽ "난 축구를 사랑한다. 내 의식이 있던 순간부터 사랑했고, 축구의 진화도 사랑한다."

첼시의 심장, 프랭크 램파드

프랭크 램파드 (1978년~현재)

선수 경력

- 1995년~2001년 웨스트햄 유나이티드
- 1995년~1996년 스완지 시티
- 2001년~현재 첼시FC

우승 경력

- 팀
  - 웨스트햄 유나이티드
    UEFA 인터토토컵 : 1999년
  - 첼시
    잉글랜드 프리미어리그 : 2004~2005년, 2005~2006년, 2009년~2010년
    잉글랜드 FA컵 : 2007년, 2009년, 2010년, 2012년
    칼링컵 : 2005년, 2007년
    UEFA 챔피언스리그 : 2011~2012년

- 개인
  프리미어리그 이달의 선수상 : 2003년 9월, 2005년 4월, 2005년 10월, 2008년 10월
  첼시 올해의 선수상 : 2004년, 2005년, 2009년
  PFA 프리미어리그 올해의 베스트팀 : 2004년, 2005년, 2006년
  프리미어리그 : 2004년~2005년 Barclays Merit Award
  프리미어리그 : 이달의 골 : 2010년 4월
  프리미어리그 시즌 선수상 : 2004년~2005년, 2005

년~2006년
잉글랜드 올해의 선수상 : 2004년, 2005년
ESM 올해의 베스트팀 : 2004년~2005년, 2005년 ~ 2006년, 2009년~2010년
UEFA 유로 2004 베스트팀
2005 FIFA 올해의 선수상 : 2위
2005 발롱도르 : 2위
FWA 올해의 최우수 선수상 : 2005년
World XI : 2005년
PFA 팬들이 선정한 올해의 선수상 : 2005년
FA 컵 : 최우수 선수상 - 2006년~2007년, 2008년~2009년, 2009년~2010년
FA Cup Final Man of the Match : 2007년
UEFA 올해의 미드필더 선수상 : 2008년
FWA Tribute Award : 2010년

'첼시의 심장' 프랭크 램파드는 2001년 웨스트햄 유나이티드를 떠나 라니에리의 첼시에 입단했다. 중원에서 무게감 있는 움직임과 해결사 본능으로 빠른 시간 팀의 중심으로 성장했고, 그의 재능은 2004년 무리뉴가 부임하면서 더 빛을 낸다. 프랭크 램파드는 무리뉴의 4-3-3 전형에서 왼쪽 중앙 미드필더로 활약하면서 팀의 도움과 득점의 대부분을 차지했다.

프랭크 램파드는 살아있는 첼시의 전설이자, 공수 양면에

빼어난 실력을 겸비한 중앙 미드필더로 공격수가 아님에도 불구하고 그 못지않은 득점능력을 갖춘 까닭에 '미들라이커' 라는 별명이 붙여졌다. 쉴 새 없이 그라운드를 누비는 강철 체력과 호쾌한 중거리 슈팅, 탁월한 시야와 경기를 읽는 능력, 득점과 어시스트 능력이 최대 장점이며 양질의 패스를 공급하고 경기 템포를 조율하는 능력까지 탑재한 덕에 팬들은 그를 '그라운드의 마에스트로'라 부른다.

7. 역대 최강의 팀? 펩의 바르셀로나

역대 최강 팀의 선수들

FC바르셀로나는 주로 4-3-3 포메이션을 사용했으며 매우 공격적이고 조직적인 팀이다. FC바르셀로나는 현 시대의 최고의 축구선수들로 구성되어 있으며 최고의 감독으로 평가받는 펩 과르디올라와 함께 완벽한 전술운영을 선보이곤 하였다.

⚽ 바르셀로나에 최적화된 골키퍼, 빅토르 발데스. 뛰어난 스루패스 차단 능력과 일대일 방어능력을 지니고 있는데, 이 능력들만큼은 세계 최고라고 평가받는다.

⚽ 공수 균형이 가장 완벽했던 레프트 백, 에릭 아비달. 유사시 센터백으로도 뛰면서 최고의 수비력을 보여주었다.

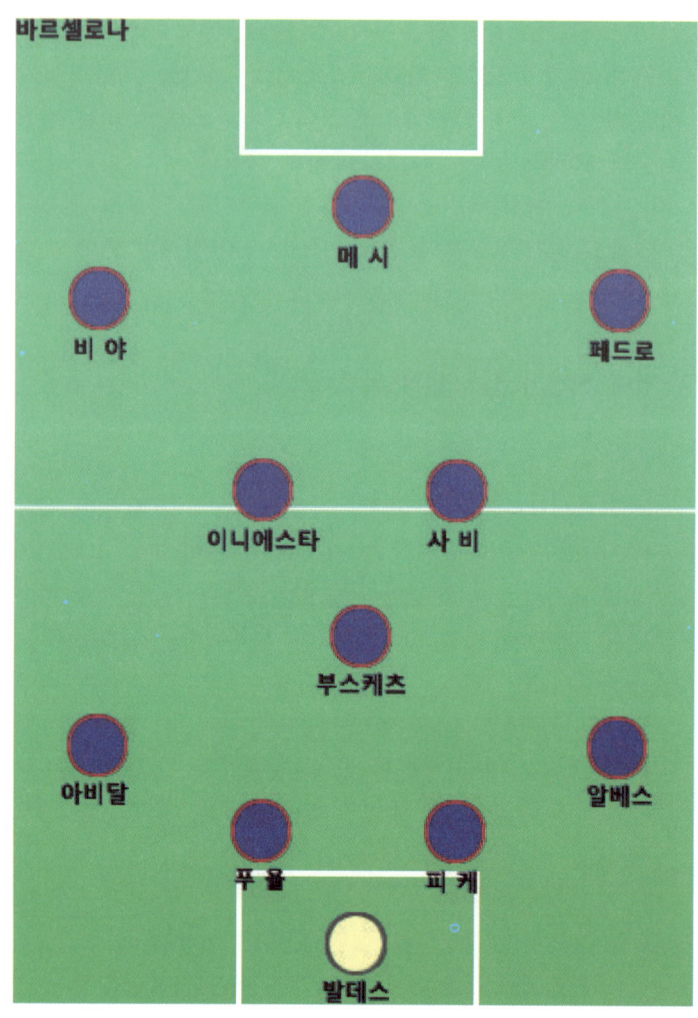

역대 최고의 팀중 하나라고 평가받는 FC 바르셀로나

⚽ 세계 최고의 센터백으로 성장한 헤라르드 피케. 특히 '바르셀로나 공격의 시발점'이라 불릴 정도로 빌드 업 능력이 좋았고 수비 능력도 탁월했다.

⚽ 무결점 수비수 카를레스 푸욜. 현 시대 세계 최고의 수비수라 평가받는다. 예측 커팅과 압박 능력이 최대 장점이며 그라운드 안에서의 투지, 매너, 리더십까지 좋은 선수이다.

⦁ 공격이 최선의 수비라는 것을 보여주고 있는 다니엘 알베스. 펩 과르디올라의 전술의 핵심 요소 중 하나라고 할 정도로 바르셀로나 내에서의 영향력이 크다. 공격에서의 기여도가 상당히 크며 많은 공격 포인트를 올린다. 그렇다고 수비적인 부분이 떨어지는 것도 아니다. 적절한 타이밍에서의 압박과 예측해서 커팅하는 능력이 좋은 선수로 평가받는다.

⦁ 펩 과르디올라가 키워낸 보물, 최고의 수비형 미드필더, 세르히오 부스케츠. 부스케츠는 현 세대 세계 최고의 수비형 미드필더로 평가받는 선수이다. 부스케츠는 펩 과르디올라의 축구를 가장 잘 이해한 선수 중 하나였으며 바르셀로나의 수비는 그로 인해 완성되곤 하였다. 그의 최대장점은 축구지능이며 지능적인 포지셔닝과 압박으로 공격과 수비에 많은 기여를 하고 있다.

⦁ 바르셀로나의 뇌, 사비 에르난데스. 사비는 경기조율, 패스, 탈압박, 기술, 볼 컨트롤 등 미드필더가 갖추어야 할 조건을 모두 가지고 있는 선수 중 하나라고 평가 받는다. 메시의 발롱도르 수상의 유일한 경쟁자였으며, 스페인 대표팀과 바르셀로나 모두에서 엄청난 영향력을 끼치고 있는 선수이다.

⦁ 중원의 파괴자, 안드레스 이니에스타. 이니에스타는 그 당시에도 현재도 최고의 미드필더로 평가받는다. 특히 양발을 사용하는 그의 드리블은 무(無)에서 유(有)를 창조해낸다

할 정도이며, 상대의 압박에서도 쉽게 벗어난다. 패스 센스 또한 매우 좋고, 볼 컨트롤 능력도 매우 좋다. 미드필더의 전 지역을 소화할 수 있을 뿐 아니라 측면 포워드까지도 소화가 가능할 정도로 다재다능한 선수이다. 또한 측면 포워드와 미드필더의 어떠한 역할이 주어져도 세계 최고 수준의 플레이를 보여준다. 공격 포인트가 적고 화려한 퍼포먼스를 보여주는 선수가 아니다보니 다소 과소평가되는 경향이 있으나, 미드필더에서 공간을 창출해내고 어느 위치에서든 최고 수준의 플레이를 보여주는 이니에스타가 현 시대 최고의 선수 중 하나라는 사실에 부정하는 이는 드물 것이다.

⚽ 군계일학, 페드로 로드리게스. 바르셀로나 드림팀에서 가장 저평가 받는 선수 중 하나일 것이다. 국내의 수많은 축구팬들의 저평가와 달리 페드로 로드리게스가 뛰어난 선수임에 틀림없다. 페드로 로드리게스의 최대 장점은 양발을 거의 똑같이 사용한다는 것이다. 양발을 자유자재로 사용하며 드리블과 슈팅을 구사한다. 그러다보니 슈팅시에 골키퍼가 슈팅타이밍을 읽기 힘들다는 장점이 있으며 이 때문에 골 결정력이 매우 높다. 패싱과 공간 침투 능력 역시 수준급이다.

⚽ 가장 정교했던 포워드, 다비드 비야. 다비드 비야는 바르셀로나에서 자신의 본 포지션이 아닌 윙 포워드에서 뛰었지만 그의 장점을 잘 살릴 수 있는 전술 덕분에 파괴적인 포워드로 평가받았다. 그는 세계 최고 수준의 슈팅능력을 지닌 포워드로, 그의 트레이드마크인 감아차기 슈팅은 다른

선수보다 반 박자 빨라 골키퍼가 막기 힘든 슈팅으로 알려져 있다. 피지컬적인 부분에서 약점을 보이지만 그러한 단점을 지능적이고 빠른 움직임과 연계플레이로 극복해내곤 하였다.

⚽ '슈퍼 플레이어' 리오넬 메시. '역사상 최고의 선수'인 리오넬 메시는 '역사상 최고의 팀'이라 불리는 2011-2012시즌 바르셀로나에서도 단연 핵심적인 선수였다. 그는 패싱, 득점력, 플레이메이킹, 드리블 돌파, 센스, 슈팅능력 등 모든 능력에서 다른 선수들을 압도하는 모습을 보인다. 최고의 플레이 메이커이자 조력자이며 공격수가 바로 리오넬 메시이다.

역대 최강의 팀을 꾸린 펩 과르디올라

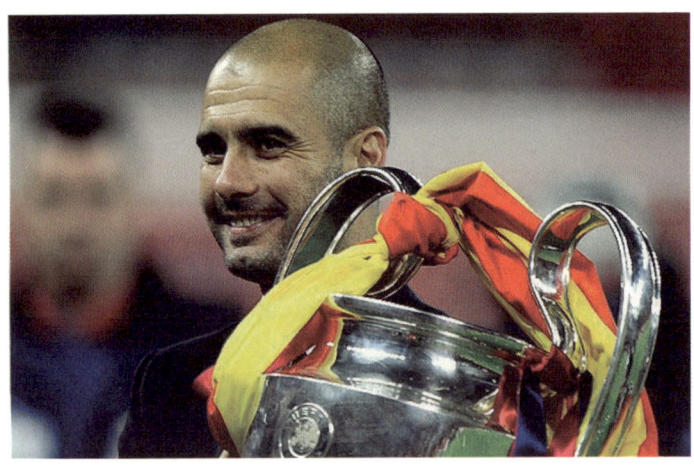

펩 과르디올라 (1971~현재)

감독 경력

- 2007년~2008년 FC바르셀로나 B팀
- 2008년~2012년 FC바르셀로나

우승 경력

- FC바르셀로나
  스페인 라 리가 우승 2008/2009, 2009/2010, 2010/2011
  코파 델 레이 우승 2008/2009, 2011/2012
  UEFA 챔피언스리그 우승 2008/2009, 2010/2011
  UEFA 슈퍼컵 우승 2009년, 2011년
  수페르 코파 데 에스파냐 우승 2009년, 2010년, 2011년
  FIFA 클럽 월드컵 2009년, 2011년 우승

개인 수상

- FFHS World's Best Club Coach : 2009년, 2011년
- Don Balon Award for Best Coach of the Year : 2009년, 2010년
- Onze d'Or Coach of the Year : 2009년, 2011년, 2012년
- Miguel Muñoz Trophy : 2008 - 09년, 2009 - 10년
- World Soccer Magazine World Manager of the Year : 2009년, 2011년
- UEFA Team of the Year Best Coach : 2008 - 09년, 2010~11년
- La Liga Coach of the Year : 2009년, 2010년, 2011년, 2012년

◦ Catalan of the Year Award : 2009년
◦ FIFA World Coach of the Year : 2011년

 그는 선수시절 뛰어난 수비형 미드필더로 활약했다. FC 바르셀로나의 90년대 간판 스타였으며 다른 수비형 미드필더와 비교되는 자신만의 스타일을 갖춘 선수이기도 하였다. 그는 바르셀로나 유소년 시스템에서 축구선수로서 성장했다. 하지만 현재 바라보는 시선과 달리 어린 시절 그는 축구 선수로서의 가능성은 찾아볼 수 없다고 평가 받았다. 그럼에도 끊임없이 노력하는 모습을 보였고 때마침 요한 크루이프 감독을 만나면서 뛰어난 수비형 미드필더로 성장할 수 있었다. 후에 요한 크루이프의 축구 철학까지 물려받으며 현재는 최고의 감독으로 평가 받고 있다.

 그는 FC바르셀로나에서 2001년까지 뛰면서 많은 사랑을 받았고 그 후 이탈리아 클럽인 브레시아, AS로마와 카타르 클럽인 알 아흘리와 멕시코 클럽인 도라도스에서 뛰기도 하였다. 다양한 경험을 쌓은 후에 선수 생활을 은퇴했고 1년 뒤 FC바르셀로나 B팀에서 감독 생활을 시작한다. FC바르셀로나 B팀에서 그는 따르세라 디비시온에서 우승, 2008년 세군다 디비시온B 플레이오프 진출 등의 업적을 이루면서 2007/2008 시즌 종료를 앞두고 레이카르트 감독의 후임으로 선임된다. 그리고 그는 '전설의 팀'을 구축한다.

 첫 시즌 많은 방출과 함께 많은 영입, B팀에서의 선수 승격 등을 통해 자신의 색깔을 구축하면서 '트레블'이라는 대업적을 이루어 낸다. 두 번째 시즌부터 더욱 진하게 자신의

색깔을 드러내며 2011년 유럽 챔피언스리그 우승컵을 차지했고, 그와 동시에 현 시대 최고의 팀, 역사상 최고의 팀이라는 평가를 받는 펩의 바르셀로나에 마지막 눈을 그려 넣는다. 펩의 바르셀로나는 철저한 공간 컨트롤과 압박, 짧은 패스와 느린 템포를 바탕으로 한 점유율 축구를 지향했으며, 기본기와 체력, 기술이 뛰어난 선수들과 함께 놀라운 축구를 펼쳐보였다.

펩의 바르셀로나 수비전술의 핵심, 세르히오 부스케츠

세르히오 부스케츠 (1987년~현재)

선수 경력

- 2007년~2008년 FC바르셀로나 B팀
- 2008년~현재   FC바르셀로나

우승 경력

- 팀
  - FC 바르셀로나
    스페인 라리가 우승 : 2008년~2009년, 2009년~2010년, 2010년~2011년
    코파 델 레이 우승 : 2008년~2009년, 2011년-2012년
    스페인 슈퍼컵 : 2009년, 2010년, 2011년
    UEFA 챔피언스리그 : 2008년~2009년, 2010년~2011년
    UEFA 슈퍼컵 : 2009년, 2011년
    FIFA 클럽 월드컵 : 2009년, 2011년

- 스페인 대표팀
  FIFA 월드컵 : 2010
  UEFA 유로피언 챔피언십 : 2012년

- 개인
  La Liga's Breakthrough Player : 2009년
  Bravo Award : 2009년
  UEFA Euro Team of the Tournament : 2012년

바르셀로나의 수비형 미드필더 부스케츠는 펩 과르디올라의 부임 이후에 바르셀로나B에서 바르셀로나로 승격했으며 그와 동시에 최고의 수비형 미드필더로 성장했다.

빠르게 바르셀로나의 수비 전술의 핵심선수로 자리 잡은 부스케츠는 수비 전술을 완성할 수 있는 유일한 선수였다. 그로 인해 야야 투레, 케이타 등의 많은 재능 있는 선수가 주전 경쟁에 밀려 팀을 떠날 정도로 부스케츠의 실력과 존재감은 대단했다.

세르히오 부스케츠는 기본적으로 볼키핑 능력과 탈 압박 능력이 좋으며 볼을 다루는 기술이 좋고 지능적인 포지셔닝과 뛰어난 축구지능으로 상대편의 플레이메이커를 봉쇄하고 공격이 유연하게 흘러갈 수 있도록 도와주는 역할을 잘 소화해냈다.

8. 독일의 시대를 연 데어 클라시커

영원할 것 같았던 스페인 축구의 시대가 저물고, 독일 축구의 천하가 오고 있다. 그리고 그 중심에는 레알 마드리드와 FC바르셀로나를 무너뜨린 데어 클라시커가 있다.

데어 클라시커란 독일 정통 명문 보루시아 도르트문트와 바이에른 뮌헨의 더비 매치를 일컫는 말로, 그들을 통칭해서 부르는 말이기도 하다.

'독일판 무리뉴' 위르겐 클롭

위르겐 클롭 (1967~현재)

감독 경력

- 2001년~2008년 마인츠05
- 2008년~현재 보루시아 도르트문트

우승 경력

- 보루시아 도르트문트
  독일 분데스리가 2010년~2011년, 2011년~2012년
  DFB 포칼 2011년~2012년
  DFL 슈퍼컵 2008년

개인 수상

- German Football Manager of the Year: 2011년, 2012년

위르겐 클롭은 선수로서의 재능은 많지 않았다. 22살에 독일 2부 리그 마인츠에 입단해 프로 생활을 12년간 지내고 은퇴했다.

 마인츠에서 선수시절 뛰어난 리더쉽을 보여준 클롭은 은퇴 후 바로 마인츠의 지휘봉을 잡았고, 7년동안 마인츠를 기대 이상으로 이끈다. 마인츠에서 감독으로서 능력을 인정받은 클롭은 2008년 당시 몰락한 명문 도르트문트의 감독으로 취임하게 되고, 분데스리가 2연패, DFB 포칼 우승 등 좋은 성적을 거둔다. 또한 2013년에는 유럽 챔피언스리그 결승에 진출하기도 했다.

 위르겐 클롭은 속도감 있는 공격축구를 좋아했고, 그의 팀 도르트문트는 그의 축구철학 아래 매력있는 팀으로 변모한다.

 강력한 전방압박, 빠른 공격전개 속도, 높은 수비라인, 측면과 중앙을 가리지 않는 공격루트가 클롭의 전술적 색깔이다. 마리오 괴체, 레반도프스키, 마르코 로이스가 그의 공격축구를 잘 이해하고 있으며, 도르트문트의 유럽 챔피언스리그 돌풍을 이끌었다.

 또한 클롭은 팀을 하나로 뭉치는 발군의 능력을 발휘했으며, 선수발굴, 언론과의 소통에도 능하다는 평가를 받고 있다.

'폴란드 특급' 로베르트 레반도프스키

로베르트 레반도프스키 (1988년~현재)

선수 경력

- 2005년 델타 바르샤바
- 2005년~2006년 레기아 바르샤바II
- 2006년~2008년 즈니치 푸르슈쿠프
- 2008년~2010년 레흐 포즈난
- 2010년~현재   보루시아 도르트문트

우승 경력

:: 팀
- 즈니치 푸르슈쿠프
  II Liga: 2006년~2007년

- 레흐 포즈난
  Ekstraklasa: 2009년~2010년
  Polish Cup: 2008년~2009년
  Polish SuperCup: 2009년

- 보루시아 도르트문트
  독일 분데스리가 2010년~2011년, 2011년~2012년
  DFB 포칼 2011년~2012년
  DFL 슈퍼컵 2008년

:: 개인
  II Liga top scorer: 2006년~2007년
  I Liga top scorer: 2007년~2008년
  Ekstraklasa top scorer: 2009년~2010년
  DFB-Pokal top scorer: 2011년~2012년
  Polish Revelation of the Year: 2008년
  Ekstraklasa Player of the Year: 2009년
  Polish Player of the Year: 2011년, 2012년

로베르트 레반도프스키는 폴란드 출신의 스트라이커이

다. 그는 다른 월드클래스 스트라이커와 비교해 딱히 내세울만한 장점은 없지만 모든 능력을 골고루 가지고 있다. 스피드와 위치선정, 헤딩 능력, 동료들과의 연계플레이에서 좋은 모습을 보여주고 있고, 다소 골 결정력에 기복이 있는 편이지만 골 감각이 좋은 날에는 2~3골을 금방 득점하는 선수. 최근 레알 마드리드와의 유럽 챔피언스리그 4강 1차전 경기에서 1경기에서 4골을 득점해 화제가 된 적도 있다.

'시대의 흐름에 능통한 자' 유프 하인케스

유프 하인케스 (1945~현재)

감독 경력

- 1979년~1987년 보루시아 묀헨글라드바흐
- 1987년~1991년 바이에른 뮌헨
- 1992년~1994년 아틀레틱 빌바오
- 1994년~1995년 아인트라흐트 프랑크푸르트
- 1995년~1997년 CD테페리네
- 1997년~1998년 레알 마드리드
- 1999년~2000년 SL벤피카
- 2001년~2003년 아틀레틱 빌바오
- 2003년~2004년 샬케 04
- 2006년~2007년 보루시아 묀헨글라드바흐
- 2009년 바이에른 뮌헨
- 2009년~2011년 바이에른 레버쿠젠
- 2011년~2013년 바이에른 뮌헨

우승 경력

- 바이에른 뮌헨
  독일 분데스리가 1988년~1989년, 1989년~1990년, 2012년~2013년
  DFL 슈퍼컵 1987년, 1990년, 2012년
- 레알 마드리드
  스페인 슈퍼컵 1997년
  UEFA 챔피언스리그 1997년~1998년
- 샬케04
  UEFA 인터토토컵 2003년, 2004년

하인케스는 독일 분데스리가 369경기에 출장하였고, 220골을 넣었다. 그의 통산 골 기록은 게르트 뮐러의 365골과 클라우스 피셔의 268골에 이어 3번째로 많다.

한마디로 그는 스트라이커였다. 하인케스는 보루시아 묀헨글라드바흐에서 전성기를 보냈으며, 팀의 역사상 최전성기를 함께했다.

보루시아 뮌헨 글라드바흐에서 은퇴한 하인케스는 보루시아 뮌헨글라트바흐에 잔류하여 우도 라텍의 뒤를 이어 팀의 감독을 8년간 맡았다. 그 후 하인케스는 1987년에서 1991년까지 FC 바이에른 뮌헨의 감독으로 활동하였다. 그 기간 동안 그는 1989년과 1990년에 리그 우승을 거두었다. 1990년 우승 후, 다수의 스타 선수들을 방출하였고, 그 다음 시즌 좋은 활약을 선보이지 못해 바이에른 뮌헨을 떠나야 했다.

1992년, 헤네스 바이스바일러와 우도 라텍 (두 명 모두 FC 바르셀로나 감독)에 뒤를 이어 스페인 라 리가의 팀 감독을 맡은 세번째 감독이 되었다. 그는 아틀레틱 빌바오의 사령탑에 취임하였고 2번째 시즌을 5위로 마감하여 UEFA 컵에 진출하였다. 1994-95 시즌 아인트라흐트 프랑크푸르트의 사령탑을 맡았으나 토니 예보아, 제이제이 오코차, 마우리치오 가우디노 등의 스타 선수들과 충돌하였고, 그 여파로 팀을 떠나게 되었다. 그의 프랑크푸르트에서의 감독 생활은 실패로 평가받았다. 그의 계약은 9달 만에 해지되었고, 하인케스는 잔여 시즌을 포기하였다.

1995년, 그는 스페인으로 돌아와 CD 테네리페의 감독을 맡아 첫 시즌에 팀을 UEFA 컵에 진출시켰다. 이 카나리아 제도의 팀은 준결승에서 그해 우승팀 FC 샬케 04에 패하였다. 2번째 시즌, 테네리페는 리그를 9위로 마감하였다.

1997년, 그는 오트마어 히츠펠트의 영입에 실패한 레알 마드리드 CF의 사령탑이 되었다. 그는 그곳에서 1998년 UEFA 챔피언스리그 우승을 맛보았다. 팀은 32년만에 7번째 챔피언스리그 우승을 했지만, 리그에서의 졸전은 단 1시즌 만에 경질되는 결과를 낳았다.

하인케스는 SL 벤피카 감독직을 1년간 맡고 다시 아틀레틱 빌바오로 돌아와 2년간 감독직을 맡았다. 그러나 그는 첫번째로 감독직을 맡았을 때처럼 성공하지는 못하였다. 하인케스는 분데스리가로 돌아와 샬케 04의 감독직을 03-04시즌 초반동안 맡았다. 그의 계약은 2004년 9월에 끝났다. 2006년 5월, 그는 보루시아 묀헨글라트바흐의 감독으로 내정되었다. 2007년 1월 31일, 그는 14경기 연속 무승으로 리그 17위로 추락하자 자신의 무능력함을 느끼고 감독직 은퇴를 선언했다.

2009년, 은퇴를 번복하고 4월 27일에 위르겐 클린스만을 경질한 FC 바이에른 뮌헨의 임시감독이 되었다. 하인케스는 부진에 빠진 바이에른 뮌헨을 2위까지 끌어올렸다. 2009년 6월 5일, 바이어 04 레버쿠젠은 그를 영입하였다고 발표하였다. 2번째 시즌, 레버쿠젠에서 2위로 시즌을 마감한 그는 바이에른 뮌헨의 강력한 러브콜 끝에 재영입 되었고, 대세 축구를 연구한 하인케스의 바이에른 뮌헨은 세계에서 가장 강한 팀으로 이름을 날리고 있다.

하인케스의 바이에른 뮌헨은 힘, 패스, 높이, 체력, 기술, 속도, 압박을 지닌 최고의 팀이다. 이는 펩의 바르셀로나의 업그레이드 버전이라 할 수 있는데, 그들은 바르셀로나의 높은 점유율을 포기하되, 힘과 속도를 선택했다. 리베리, 뮐러, 만주키치, 토니 크로스 등의 최고의 선수들과 함께 하인케스는 향후 역사상 최고의 팀으로도 평가받을 수 있는 팀을 완성시켰다.

'황태자' 토마스 뮐러

토마스 뮐러 (1989년~현재)

선수 경력

- 2008년~2009년 바이에른뮌헨II
- 2008년~현재   바이에른 뮌헨

우승 경력

- 팀

  -바이에른 뮌헨
  독일 분데스리가 2009년~2010년, 2012년~2013년
  DFB 포칼 2009년~2010년
  DFL 슈퍼컵 2010년, 2012년

- 개인

  FIFA World Cup Golden Boot : 2010년
  FIFA World Cup Best Young Player : 2010년
  Bayerischer Sportpreis : 2010년
  Silbernes Lorbeerblatt : 2010년
  VdV Newcomer of the Year : 2010년
  World Soccer Young Player of the Year : 2010년
  Bravo Award: 2010년
  FIFA Ballon d'Or: Shortlist Nominee
  (2010 15th place, 2011 13th place)

토마스 뮐러는 월드컵 득점왕, 신인왕 출신의 대형 측면 포워드 혹은 쉐도우 스트라이커로 탁월한 위치선정, 오프더 볼 움직임, 문전 쇄도, 페널티 박스 안 침착성, 골 결정력이

최대 장점으로 꼽히는 선수이다. 하인케스 감독 밑에서 포텐을 완전히 터트리고 있는 중으로 매 시즌 두 자리 수 득점을 할 정도로 득점력이 뛰어나다.

제3장
유럽 챔피언스리그를
빛낸 최고의 선수 10人

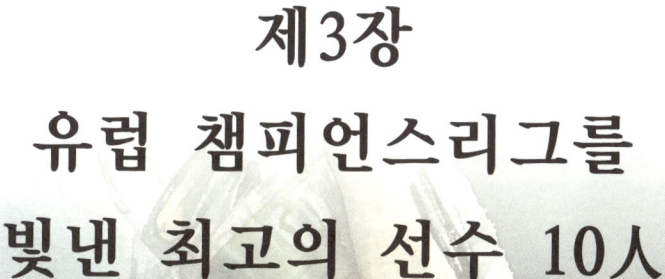

제3장 유럽 챔피언스리그를 빛낸 최고의 선수 10人

1. 공격만 잘하는 게 아니야! 알프레도 디 스테파노!

레알 마드리드 소속 시절의 디 스테파노, 그는 유럽 챔피언스리그의 전신인
유러피언 컵에서 맹활약하며 소속팀의 5회 연속 우승에 기여했다.

- 국적 : 스페인
- 출생 : 1926년 6월 4일 ~ 현재
- 포지션 : 포워드

선수 경력

- 1943년~1949년 리버 플레이트
  (임대 : 1946년~1947년 CA 우라칸)
- 1949년~1953년 CD 로스 미요나리오스
- 1953년~1964년 레알 마드리드 CF
- 1964년~1966년 RCD 에스파뇰

수상 경력

- 팀
  - 아르헨티나 리버 플레이트
    프리메라 디비시온 아르헨티나 : 1945년, 1947년
    남아메리카 클럽 챔피언십 준우승 : 1948년

  - 콜롬비아 미요나리오스
    콜롬비아 챔피언십 : 1949년, 1951년, 1952년, 1953년
    콜롬비아컵 : 1953년
    코파 보다스 데 오로 델 레알 마드리드 : 1952년

  - 스페인 레알 마드리드
    라 리가 : 1954년, 1955년, 1957년, 1958년, 1961년, 1962년, 1963년, 1964년

코파 델 레이 : 1962년
유러피언 컵 : 1956년, 1957년, 1958년, 1959년, 1960년
인터컨티넨탈컵 : 1960년
페케냐 코파 델 문도 데 클루베스 : 1953년, 1956년
라틴컵 : 1955년, 1957년

- 국가대표팀 아르헨티나
 코파 아메리카 : 1947

● 개인
 피치치 트로피 5회
 스페인 올해의 선수상 4회
 발롱도르 2회
 쥬빌레 어워드 1회

스카우팅 리포트

레알 마드리드의 전설이자 세계 축구계의 전설인 알프레도 디 스테파노는 뛰어난 포워드였다. 당시 레알 마드리드의 감독이었던 미구엘 무뇨스는, "디 스테파뇨를 한 팀에 두는 순간, 당신은 22명의 선수를 데리고 경기하는 것을 의미하게 됩니다."라고 말했다. 이는 디 스테파노는 온 경기장을 헤집고 다니는 선수였음을 의미한다. 그는 엄청난 체력을 바탕으로 경기 내내 경기장을 뛰어다니면서 압박하고 볼을

빼앗아 경기를 전개했다. 또한 그는 타고난 포워드로서의 능력 뿐 아니라 수비적인 재능 또한 뛰어났다.

디 스테파노의 축구인생

디 스테파노는 이탈리아 출신의 축산업자의 아들로 태어났다. 그는 아르헨티나에서 성장했으며 1942년부터 리버 플레이트에서 활약하며 그의 이름을 알리기 시작했다. 1944년 성인팀에 합류해 훈련했으나 그 당시 리버 플레이트에 스타급 선수들이 많았기에 1946년에 우라칸으로 임대 이적해 경험을 쌓기로 한다. 우라칸에서 그는 리그 1라운드에서 원 소속팀 리버 플레이트를 상대로 15초 만에 골을 기록해 강한 인상을 남기는 등 좋은 활약을 펼친다. 이때의 활약을 바탕으로 디 스테파노는 1947년 리버 플레이트로 복귀하게 된다. 그 뒤 1949년까지 리버 플레이트에서 2선 공격수로 뛰면서 많은 우승컵을 들어올린다.

리버 플레이트의 최전성기를 이끌던 디 스테파노는, 아르헨티나 프로연맹의 파업 영향으로 콜롬비아의 밀리오나리오스로 이적한다. 밀리오나리오스에서 그는 4년간 뛰었으며 그동안 팀은 그의 활약을 바탕으로 6개의 우승 트로피를 손에 얻게 된다.

콜롬비아에서의 맹활약을 바탕으로 디 스테파노는 레알 마드리드로 이적하게 된다. 당시 천문학적인 액수로 레알 마드리드에 입단했는데, 자칫 레알 마드리드의 라이벌 팀인 바르셀로나로 갈 수도 있었던 재미난 일화도 있다.

디 스테파노는 레알 마드리드에서 유럽 최고의 선수로 인정받게 된다. 그는 레알 마드리드에서 수많은 우승컵을 들어 올렸으며 축구 선수 개인으로도 많은 타이틀을 획득 했다. 그는 레알 마드리드에서 1964년까지 뛰었으며 그 후에 스파뇰에서 2년간 더 뛴 후 선수 생활을 은퇴했다.

알프레도 디 스테파노에 관련된 어록

알프레도 디 스테파노는 축구 역사상 가장 위대한 선수였어, 심지어 펠레보다도 훨씬 더 위대했지.
그는 가장 위험한 공격수인 동시에, 최고의 플레이메이커이자 미드필더였고, 훌륭한 수비수였지.

-엘레니오 에레라

어느 소년이 아버지에게 물었다.
아버지, 이 사람은 위대한 축구선수였나요?
아니, 그는 팀 그 자체였어.

-마드리드 전설

제가 펠레보다 높은 평가를 받을 수 있는지는 모르겠습니다. 하지만 디 스테파노가 펠레보다 뛰어났다고는 확실히 말할 수 있죠.

-디에고 마라도나

그는 최고 중의 최고야.

-미셸 플라티니

내게 최고의 선수 두 명을 뽑으라면 펠레와 알프레도이다.
알프레도는 펠레보단 한 걸음 아래다.
월드컵에서 뛰는 행운을 누리지 못했기 때문에..
그는 공격하고 수비하고 패스하고 전투하듯 플레이했다.
그리고 그것을 20년간 지속했다. 그는 모든 것을 가진 선수였다.

-쥐스트 퐁텐느

이 사람은 누구인가? 그는 골키퍼로부터 공을 가져가고, 풀백들에게 임무를 지시하고, 필드 위 어디에 있든 간에 공을 받는 위치에 있었다. 그토록 완전무결한 선수는 본 적이 없다. 그는 마치 경기장 중앙에 그만의 커맨드센터를 가지고 플레이 하는 듯했다. 그는 절묘할만큼 강했고, 그러한 자질들의 조합에 넋을 빼앗길 정도였다.

-바비 찰튼

디 스테파노가 팀에 있으면 22명의 선수가 플레이하는 것과 같아.

-미구엘 무뇨스

다른 플레이어들은, 스테파노를 따르면서 게임을 쉽게 풀어갔지.
디 스테파노는 역대 최고의 선수야.

-케어 라네지(월드사커 저널리스트)

알프레도 디 스테파노의 왼쪽에서의 영향력은 대단했습니다.
-스페인 언론

힘, 그리고 가장 효과적인 패스. 시야도 넓었고, 슈팅은 물론, 컨트롤까지 완벽했어. 박스투박스 플레이도 좋았지. 그는 공격수로서 게임을 지배하는 능력이 거의 혁명이었지.
-마이크 랭글리(축구 저널리스트)

그는 틀림없이 역대 최고의 선수야.
90분 내내 뛰어다녔고, 펠레보다 천재였지.
그의 몸과 머리가 게임을 이끌어갔어.
-그라함 하트(기네스 풋볼 에디터)

스피드, 힘, 체력, 폭발력. 디 스테파노는 팀에 뛰어난 볼 컨트롤로 도움을 주었고, 수많은 골을 넣었지. 유럽 챔피언스리그에 왕이 있다면 그건 디 스테파노가 확실해.
-브라이언 그랜빌(축구 작가)

그는 역대 최고의 선수야. 게임의 중심에 있었고, 골 넣는데 시간도 얼마 걸리지 않았지. 중요한 수비마저 담당했고, 어디서나 그의 엄청난 능력이 빛났어.
-폴 가드너(축구 작가)

어떤 한 사람이 팀을 만들 수는 없어.
하지만, 디 스테파노는 혼자서 팀을 만들 수 있는 능력이 있었지.
-링컨 도서관

제3장 유럽 챔피언스리그를 빛낸 최고의 선수 10人

그라운드의 모든 곳을 담당할 수 있었던 스테파노의 능력은, 다른 훌륭한 선수들의 본보기가 되었지.

-리차드 헨쇼

많고 좋은 선수가 있었지만, 스테파노는 그중에서도 최고였지.
골 넣는 능력뿐만 아니라, 전체적으로도. 그라운드 곳곳에, 그리고 중앙 공격수로서도 플레이했어.

-스티브 텅

디 스테파노는 훌륭한 선수고, 다른 사람들은 그의 모든 것을 보지 못했어요.
그는 게임을 알았고, 큰 선수들 사이에 있는 나를 항상 도와줬어요.
디 스테파노는 최고에요.

-페렌츠 푸스카스

그는 우리보다 더 많은 포인트를 냈고, 그가 없었다면 레알 마드리드가 어떻게 됐을지 상상하기도 어렵습니다.

-프란시스코 헨토

마드리드 팬들이 내가 디 스테파노의 후계자라고 할 때, 나는 기쁨보다도 걱정이 됐었죠. 디 스테파노는 내가 본 가장 위대한 선수이고, 그는 경기에서 너무나도 뛰어났죠.

-루이스 델 솔

이 성공의 일부는, 디 스테파노의 영향이 큽니다.
스테파노는 항상 우리의 마음속에 남아있을 거예요.

스테파노가 레알 마드리드를 위해 했던 플레이는 아무리 고마워해도 부족할거에요.

-로렌조 산츠

호나우두는, 현재 아주 잘하고 있어요.
하지만, 그가 펠레나 디 스테파노의 수준에 다가가기에는 수년 간의 시간이 필요할겁니다.

-요한 크루이프

2. 헝가리와 레알 마드리드의 전설, 푸스카스

전설의 황금왼발 페렌츠 푸스카스. 그는 유러피언 컵에서 수많은 득점을 하며 레알 마드리드가 유럽 최고 자리에 수 년 간 앉아 있을 수 있게 했다.

- 국적 : 헝가리
- 출생 - 사망 : 1927년 4월 2일 ~ 2006년 11월 17일
- 포지션 : 포워드

선수 경력

- 1943년~1949년 키슈페스트 AC
- 1949년~1955년 혼베드 (임대)
- 1957년 RCD 에스파뇰 (게스트)
- 1958년~1966년 레알 마드리드 CF

수상 경력

- 팀
  - 헝가리 혼베드
    헝가리 리그 : 1949년, 1950년, 1952년, 1954년, 1955년

  - 스페인 레알 마드리드
    라 리가 : 1961년, 1962년, 1963년, 1964년, 1965년
    코파 델 레이 : 1962년
    유러피언 컵 : 1959년, 1960년, 1966년
    준우승 : 1962년, 1964년
    인터컨티넨탈컵 : 1960년

  - 국가대표팀 헝가리
    올림픽 우승 : 1952
    중앙 유럽 인터내셔널컵 우승 : 1953

월드컵 준우승 : 1954
발칸컵 : 1947

⁍ 개인
중앙 유럽 인터내셔널컵 : 최다 득점자 (10골) : 1954
헝가리 리그 최다 득점자 : 1947 - 48, 1949 - 50, 1950, 1953
World Soccer Player and European Player of the Year : 1953
Winner Player European of the century XX
Winner Player Hungarian of the century XX
Winner Player Hungarian Top Goalscorer of the century XX
Silver Ball European Footballer of the Year 프랑스 축구 : 1960
FIFA 100 지명
유로피언컵 최다 득점자 (12골)(7골) : 1960, 1964
피치치 트로피 : 1959 - 60, 1960 - 61, 1962 - 63, 1963 - 64

스카우팅 리포트

과거 영상을 통해 나타난 페렌츠 푸스카스의 플레이는 충격적이다. 그는 온갖 스킬을 사용하면서 경기장을 뛰어다녔고 탈 압박, 넓은 시야, 드리블, 전술 지시 등 축구스킬의 신

세계를 보여줬다.

특히 그의 슈팅 스킬과 왼발 중거리 슈팅은 역대 수많은 뛰어난 축구선수들 중에서도 최고라고 할 수 있을 정도로 놀랍다. 그는 선수 시절 놀라운 득점을 많이 하곤 했는데, 국제축구연맹 FIFA는 푸스카스의 놀라운 득점을 기리고자 한 해에 터진 가장 멋진 골을 득점한 선수에게 시상하는 상의 이름을 '푸스카스 상'이라 정하기도 했다.

푸스카스의 축구인생

페렌츠 푸스카스는 부다페스트에서 태어났고 도시 근처의 마을인 키시페스트에서 자랐다. 그의 아버지는 유명한 축구선수였으며 그의 아버지가 감독을 맡고 있었던 팀에서 축구선수로 성장한다.

푸스카스가 성장한 클럽 키시페스트는 1949년 헝가리 국방부에 넘어가게 되는데 헝가리 국방부에 넘어간 후에 키시페스트는 부다페스트 혼베드로 이름을 바꾸게 된다. 부다페스트 혼베드는 선수마다 계급이 있었고 푸스카스의 계급은 소령이었다. 푸스카스의 별명중 하나인 '질주하는 소령'이라는 별명은 푸스카스가 부다페스트 혼베드에서 뛸 당시 얻은 별명이라고 한다.

'질주하는 소령' 푸스카스는 부다페스트 혼베드에 뛰는 동안 5번의 리그 우승, 4번의 득점왕을 차지하며 헝가리의 스타로 자리매김하게 된다.

헝가리 국가대표팀에서도 푸스카스의 활약은 대단했다. 푸스카스는 1945년 헝가리 대표팀 데뷔를 시작으로 올림픽 대회, 중유럽 챔피언십, 월드컵에서 많은 득점과 뛰어난 활약으로 헝가리의 전성기를 이끌었다. 푸스카스는 헝가리 국가대표팀에서 85경기 84골을 기록하기도 했다. 하지만 푸스카스는 국내 여러 사정으로 헝가리를 떠나게 되고 헝가리 축구협회와 유럽 축구협회는 조국을 떠난 푸스카스를 2년간 공식 경기에 뛰지 못하게 한다. 푸스카스가 헝가리를 떠날 때만 하더라도 그를 영입하려는 명문 팀들은 많았으나, 그가 2년 후에 돌아왔을 때 그의 불어난 체중과 많은 나이 때문에 그를 원하는 클럽은 많지 않았다. 그러나 몇 달 후 레알 마드리드와 계약을 맺은 푸스카스는 그 팀에서 두 번째 전성기를 열면서 그를 영입하지 못한 팀들이 땅을 치고 후회하게 만들었다.

'저승사자 군단' 레알 마드리드에 입단한 푸스카스는 프리메라리가, 유러피언 컵에서 맹활약하며 레알 마드리드의 전성기를 이끌었다. 유러피언 컵 결승전 4골, 해트트릭 등이 그의 명장면 중 하나로 꼽히며 바르셀로나의 홈구장인 누캄프에서의 해트트릭 역시 명장면으로 꼽힌다. 페렌츠 푸스카스는 팬들의 수많은 사랑을 받으며 66년 레알 마드리드에서 은퇴했다.

페렌츠 푸스카스와 관련된 어록

그 때 나는 바비 찰턴, 데니스 로, 푸스카스와 함께 호주에서 코치생활을 하고 있었다. 그러나 우리가 가르치던 어린 선수들은 푸스카스에게 존경을 표하기는커녕 그의 나이와 몸무게를 가지고 놀려댔다. 결국 우리는 아이들에게 크로스바 10번 연속 맞추기 도전을 제안하기로 결정했다. 당연히 그들은 늙고 뚱뚱한 푸스카스를 골라 도전했다. 데니스 로는 아이들에게 저 늙고 뚱뚱한 코치가 열 번 중 몇 번을 성공할 것 같냐고 물어보았다. 대다수는 5개 이하일 것이라고 했다. 나는 10개라고 답했다. 늙고 뚱뚱한 코치는 먼저 아홉 번 연속으로 정확히 크로스바를 때렸다. 마지막 열 번째 시도에서는 공을 살짝 띄워 양 어깨와 머리로 컨트롤 한 후 발 뒤꿈치로 공을 튀어 오르게 한 다음 발리로 크로스바를 갈겼다. 아이들은 모두 고요 속에 서 있었고, 그 중 한 아이가 그가 누구냐고 물어보았다. 나는 그에게 이렇게 대답했다. "너에게는 푸스카스 코치님이시다."

-조지 베스트

"헨토는 아직도 그가 샤워 중에 비누를 내게 던지면 내가 그것을 왼발로 트래핑해 얼마동안 발등 위에 올려놓았던 일을 이야기하기를 좋아한다. 그리고 그 이야기는 실화다"

-페렌츠 푸스카스

우리 모두가 그는 최고였다고 말한다. 그는 축구에 관해서, 일곱 가지의 감각이 있었고 1,000가지 선택이 있다면, 그는 1,001번째를 선택할 것이다.

-난도르 히데그쿠티(LA 타임지와의 인터뷰)

푸스카스가 골대로부터 30-35m 범위에 있으면 골키퍼들은 두려워했다. 그는 강력한 슈팅뿐만 아니라, 정확하기까지 했지. 그는 천재라고 생각해.
　　　　　-레이몽 코파(프랑스 최초의 발롱도르 수상자)

그는 정말 최고의 재능이었어. 나는 친구와 최고의 플레이어를 잃었지. 그는 사람으로서, 축구선수로서 최고였고, 내 인생에서 최고의 친구, 가장 위대한 선수였어.
　　　　　-알프레도 디 스테파노

푸스카스의 죽음에 슬퍼하지 않을 헝가리인은 없을 것입니다.
푸스카스는 20세기 최고의 헝가리인으로 남아있죠.
푸스카스는 항상 전설로 남아있을 것입니다.
　　　　　-페렝 지울라차니(헝가리의 총리)

그는 모든 사람과 함께했고, 침착했고, 매우 유쾌했다. 그는, 훌륭한 슈팅을 지녔고 매우 빠른 속도로 달렸으며, 엄청난 폭발력을 지녔었지.
　　　　　-루이스 수아레스 미라몬테스
　　　　(스페인 최초이자 마지막 발롱도르 수상자)

그는 유명한 축구선수였지만, 오늘날의 스타들에 비해 매우 정상적인 삶을 살았다.
그는 우리보다 소박한 아파트에 살았고, 매우 넉넉했다.
그는 종종 아이들을 위해, 블록과 축구공을 가지고 놀았지.
　　　　　-올라야 마라논

그는 문제가 전혀 없었고, 자신의 일에 특별한 선수였습니다. 어떻게 그런 헝가리 팀이 우승하지 못했는지 모르겠네요, 이건 제 능력 밖이죠.

-알렉스 퍼거슨

그는 작고 통통했지만, 멋진 왼발을 가지고 있었고, 훌륭한 결정력을 지녔었죠.
나는 역대 최고의 멤버에 푸스카스를 넣을 것입니다.

-톰 피니

그는 공을 가지고 엄청나게 많은 기술을 사용했고, 정확한 롱패스와 많은 골을 넣었지.

-BBC 전문가 지미 힐

그의 골에는 2점을 매겨 줘야 해.

-졸탄 치보르

RIP. 페렌츠 푸스카스. 당신은 축구 역사상 가장 위대한 선수 중 한 명으로 기억될 것입니다.

-산티아고 베르나베우의 기념비

3. 유러피언 컵 레전드, 프란시스코 헨토

유러피언 컵 6회 우승의 신화를 이룬 프란시스코 헨토

- 국적 : 스페인
- 출생 : 1933년 10월 21일 ~ 현재
- 포지션 : 윙어

선수 경력

- 1952년~1953년 라싱 산탄데르
- 1953년~1971년 레알 마드리드CF

수상 경력

- 팀

- 라리가 : 1953년~1954년, 1954년~1955년, 1956년~1957년, 1957년~1958년, 1960년~1961년, 1961년~1962년, 1962년~1963년, 1963년~1964년, 1964년~1965년, 1966년~1967년, 1967년~1968년, 1968년~1969년
- 코파 델레이 : 1961년~1962년, 1969년~1970년
- 유러피언 컵 : 1956년, 1957년, 1958년, 1959년, 1960년, 1966년
- 인터네셔널 컵 : 1960년
- 라틴 컵 : 1955년, 1957년

스카우팅 리포트

프란시스코 헨토는 레알 마드리드 역사에 가장 뛰어난 윙어로 기억되곤 한다. 그는 윙어의 필수조건인 빠른 발과 정확한 킥력을 가지고 있었고, 뛰어난 드리블 능력과 크로스 능력, 슈팅 능력을 겸비한 선수였다. 그의 별명은 '폭풍'이었다고 한다.

헨토의 축구인생

프란시스코 헨토는 19살에 라싱 산탄테르와 계약하며 축구인생을 시작했다. 그는 경기장에서 빠른 발을 주무기로 측면을 휘젓고 다니면서 레알 마드리드 스카우트들의 눈을 사로잡았고 결국 1년 만에 레알 마드리드로 이적하게 되었다. 그리고 그것이 레알 마드리드에서 시작된 전설의 출발이었다.

레알 마드리드는 헨토와 함께 많은 스타급 플레이어를 영입하기 시작했고 헨토는 스타 플레이어 사이에서도 팀의 중심으로 자리잡기 시작했다. 헨토와 레알 마드리드는 이적 첫 시즌 바로 스페인 리그 우승을 차지하면서 팀 황금기의 시작을 알렸다. 그 후 헨토는 레알 마드리드에서 20년 가까이 주전으로 활약했다. 그 기간 동안 5연패를 포함한 유러피언 컵 6회 우승, 프리메라리가 12회 우승을 기록한, 레알 마드리드의 위대한 영광과 함께한 선수였다.

4. 레전드 오브 레전드, '카이저' 베켄바우어

독일의 '카이저' 베켄바우어, 그는 월드컵뿐만 아니라 유러피언 컵에서 놀라운 활약으로 바이에른 뮌헨의 유러피언 컵 3연패에 큰 기여를 했다.

- 국적 : 독일
- 생년월일 : 1945년 9월11일 ~ 현재
- 포지션 : 수비수, 미드필더

선수 경력

- 1964년~1977년 바이에른 뮌헨
- 1977년~1980년 뉴욕 코스모스
- 1980년~1982년 함부르크SV
- 1983년 뉴욕 코스모스

수상 경력

- 팀
  - 바이에른 뮌헨
    독일 분데스리가 : 1968년~1969년, 1971년~1972년, 1972년~1973년, 1973년~1974년
    DFB-포칼 : 1965년~1966년, 1967년~1968년, 1968년~1969년, 1970년~1971년
    유러피언 컵 : 1973년~1974년, 1974년~1975년, 1975년~1976년
    UEFA 위너스 컵 : 1966년~1967년
    인터네셔널 컵 : 1976년
    Regionalliga Süd : 1965년

  - 함부르크 SV
    독일 분데스리가 : 1981년~1982년

- 뉴욕 코스모스
  NASL Championship : 1977년, 1978년, 1980년
  Trans-Atlantic Cup Championships : 1980년, 1983년

- 국가대표팀 서독
  • 피파 월드컵
  우승 : 1974년
  준우승 : 1966년
  3위 : 1970년

  • UEFA 유로피언 풋볼 챔피언십
  우승 : 1972년
  준우승 : 1976년

⚽ 개인
FIFA Order of Merit : 1984년
FIFA Centennial Player and Football Personality Award : 2004년
Laureus Lifetime Achievement Award : 2007년
Marca Leyenda : 2012년
발롱도르 : 1972년, 1976년
FIFA World Cup Young Player of the Tournament : 1966년
FIFA World Cup Golden Ball 2위 : 1974년
FIFA World Cup All-Time Team : 1994년

FIFA 100 : 2004년

FIFA World Cup Team of the Tournament : 1966년, 1970년, 1974년

European Football Championships Team of the Tournament : 1972년, 1976년

German Footballer of the Year : 1966년, 1968년, 1974년, 1976년

NASL Most Valuable Player Award : 1977년

World Soccer Magazine of the Year

1위 : 1972년, 1976년

2위 : 1974년, 1975년

스카우팅 리포트

독일과 바이에른 뮌헨의 전설 베켄바우어는 '레전드 중 레전드', '리베로의 조상'으로 불린다. 베켄바우어는 강인한 체력을 바탕으로 훌륭한 수비능력과 볼 다루는 기술을 선보인 선수였다. 그는 훌륭한 수비수임과 동시에 뛰어난 기술과 공격 본능을 지닌 선수였기에, 리베로라는 포지션을 가장 잘 수행할 수 있었다. 실제로 베켄바우어는 리베로 역할을 맡으며 자신의 선수생활 전성기의 대부분을 보냈다.

베켄바우어가 레전드 중 레전드라고 불리는 3가지 이유를 들자면 다음과 같다. 압도적인 그의 축구실력(리베로를 가장 잘 이해한 선수, 공격-수비 모두 두각을 나타냄)이 첫 번째, 범접할 수 없는 커리어(월드컵 트로피, 유러피언 컵 3

연패, 발롱도르 등)가 두 번째, 마지막 세 번째는 그의 정신적인 부분에서 찾을 수 있다. 베켄바우어는 침착한 경기운영, 놀라운 집중력과 대담성은 물론이며 뛰어난 리더십까지 겸비한 축구스타였다.

베켄바우어의 축구인생

베켄바우어는 어린 시절 노동자 계급의 마을에서 자라며 축구선수의 꿈을 키웠다. 그는 13살에 지역 유소년 클럽에서 센터포워드로 축구를 시작했고 그 시절 1860뮌헨의 열혈 팬이었다고 한다. 그는 1860뮌헨 입단 성사가 거의 확정된 상태에서 14세 이하 청소년 경기 결승전에 나섰는데 경기 중에 동료들과 함께 상대팀 선수들과의 폭력 사태에 휩싸이고 만다. 문제는 하필이면 그 상대팀이 1860뮌헨이었다는 것. 결국 베켄바우어의 1860뮌헨 입단은 취소되고 말았다. 그리고 베켄바우어는 바이에른 뮌헨에 입단하게 된다.

바이에른 뮌헨에서의 그는 데뷔 시즌부터 팀의 1부 리그 승격에 일조했으며 이듬해 독일 리그 컵 우승에도 한 몫 하게 된다. 그 후 68/69시즌 주장직을 맡으면서 베켄바우어하면 항상 따라다니는 수식어인 리베로 역할을 맡게 된다. 그는 리베로 역할과 주장직을 맡으면서 바이에른 뮌헨의 전성기를 이끌게 된다. 바이에른 뮌헨은 그의 전성기와 함께 4번의 리그 우승과 유러피언 컵 3연패의 위업을 이루게 된다. 또한 베켄바우어(당시 서독대표팀 주장)의 서독대표팀은 1974년 요한 크루이프의 네덜란드를 꺾고 월드컵 트로피를 들어 올린다.

  그는 바이에른 뮌헨에서의 생활을 마감하고 뉴욕 코스모스, 함부르크로 팀을 옮기며 선수생활의 황혼기를 보내고 선수생활의 은퇴를 선언했다. 선수생활 은퇴 후 지도자, 축구행정가로 맹활약하며 축구계에 큰 영향을 선사하고 있다.

5. '전술이 통하지 않는 존재' 게르트 뮐러

게르트 뮐러는 바이에른 뮌헨 소속으로 유러피언컵 득점왕을 4회나 차지했다.

- 국적 : 독일
- 생년월일 : 1945년 11월3일 ~ 현재
- 포지션 : 스트라이커

선수 경력

- 1963년~1964년 TSV 뇌르들링겐
- 1964년~1979년 바이에른 뮌헨
- 1979년~1981년 포트로더 데일

수상 경력

- 팀
  - 바이에른 뮌헨
    독일 분데스리가 : 1968년~1969년, 1971년~1972년, 1972년~1973년, 1973년~1974년
    DFB-포칼 : 1965년~1966년, 1967년~1968년, 1968년~1969년, 1970년~1971년
    유러피언 컵 : 1973년~1974년, 1974년~1975년, 1975년~1976년
    UEFA 위너스 컵 : 1966년~1967년
    인터내셔널 컵 : 1976년
    Regionalliga Süd : 1965년

  - 국가대표팀 서독
    • 피파 월드컵
      우승 : 1974년

준우승 : 1966년
　　3위 : 1970년

　• UEFA 유로피언 풋볼 챔피언십
　　우승 : 1972년
　　준우승 : 1976년

⚽ 개인

　European Footballer of the Year: 1970년
　German Footballer of the Year: 1967년, 1969년
　Voted best Player 40 Years Bundesliga 1963년~2003년
　European top scorer: 1970년, 1972년
　German top scorer: 1967년, 1969년, 1970년, 1972년, 1973년, 1974년, 1978년
　World Cup top scorer: 1970년
　European Championship top scorer: 1972년
　European Cup top scorer : 1973년, 1974년, 1975년, 1977년
　World Football's Greatest Goalscorer of All Time (awarded in 2000)
　Named to FIFA 100

스카우팅 리포트

게르트 뮐러는 역도 선수 같은 육중한 몸을 지녔지만, 그런 몸과는 어울리지 않는 골 감각, 무서운 침투속도를 지닌 선수였다. 특히 게르트 뮐러의 골 감각은 독일 언론에서 '제7의 감각'이라 표현할 정도로 경이로웠는데, 상대 수비진의 실책을 예상하거나 볼이 떨어지는 위치에 기가 막히게 자리를 선점하고 있는 등 한 치 앞을 예상하는 능력을 가진듯한 착각을 불러 일으켰다.

게르트 뮐러는 당시 많은 기록들을 가지고 있었다. 후에 호나우도, 리오넬 메시와 같은 훌륭한 선수에게 기록의 일부가 깨지게 됐지만 기록이 깨지는데 30년 이상이 걸릴 만큼, 신화적인 선수라 할 수 있다.

뮐러의 축구인생

게르트 뮐러는 뇌르틀링겐에서 태어나 1963년 뇌르틀링겐에서 프로로 데뷔하였다. 뇌르틀링겐에서 31경기 51골을 성공시키면서 1964년 프란츠 베켄바워, 제프 마이어가 소속되어있는 바이에른 뮌헨으로 이적하게 된다. 게르트 뮐러는 입단 당시 역도선수 같은 체격 때문에 팀에서 푸대접을 받게 되지만, 실력으로 바이에른 뮌헨의 주전 공격수로 팀을 1부리그로 승격시킨다.

그 후 게르트 뮐러는 바이에른 뮌헨의 전성기를 이끌게 된다. 그는 분데스리가 득점왕 7회, 분데스리가 4회 우승, 독일 컵 대회 4회 우승, 유러피언 컵 3연패 등의 개인의 영광과 팀의 영광을 함께 했다. 또, 바이에른 뮌헨의 전성기를 이끌던 시기에 서독 대표팀에서도 좋은 활약으로 서독 대표팀을 유로대회 우승, 1974 서독 월드컵 우승으로 이끌었다.

6. '가려진 천재' 루드 굴리트

루드 굴리트는 디에고 마라도나가 세계를 지배하던 시절, 그와 비견되는 유일한 라이벌이었다.
그는 AC밀란의 유러피언컵 2연패에 빛나는 핵심인물이다.

- 국적 : 네덜란드
- 생년월일 : 1962년 12월 1일 ~ 현재
- 포지션 : 스위퍼, 수비형 미드필더, 쉐도우 스트라이커

선수 경력

- 1979년~1982년 HFC 하를렘
- 1982년~1985년 페예노르트
- 1985년~1987년 PSV 에인트호벤
- 1987년~1993년 AC밀란
- 1993년~1994년 UC삼프로디아
- 1994년 AC밀란
- 1994년~1995년 UC삼프로디아
- 1995년~1998년 첼시FC

수상 경력

- 팀
  - HFC하를렘
    Eerste Divisie : 1981년
  - 페예노르트
    Eerste Divisie : 1984년
    KNVB Cup : 1984년
  - PSV 에인트호벤
    Eerste Divisie : 1986년, 1987년
  - AC밀란
    Serie A : 1988년, 1992년, 1993년

  Supercoppa Italiana : 1988년, 1992년, 1994 년
  European Cup : 1989년, 1990년
  UEFA Super Cup : 1989년, 1990년
  Intercontinental Cup : 1989년, 1990년
- UC삼프로디아
  Coppa Italia : 1994년
- 첼시FC
  FA cup : 1997년
- 국가대표팀 네덜란드
  UEFA 유로피언 풋볼 챔피언십 우승 : 1988년

☉ 개인

 Netherlands Player of the Year(2° level) : 1981년
 Dutch Footballer of the Year : 1984년, 1986년
 Netherlands Cup Top Scorer : 1984년(9 goals)
 Dutch Golden Shoe Winner : 1986년
 Netherlands League Top Scorer : 1986년(2nd, 24 goals)
 Dutch Sportsman of the Year : 1987년
 Ballon d'Or : 1987년, 1988년(silver)
 World Soccer Magazine World Footballer of the Year : 1987년(39% of the votes), 1988년(2nd), 1989년(24% of the votes), 1993년(3rd)
 Onze d' Silver (2nd place) : 1988년, 1989년
 IFFHS Best World Player of the Year : 1988년 (bronze), 1989년 (bronze)

UEFA European Championship Dream Team : 1988년, 1992년
1988 European Championship Silver ball
UEFA Player of the Year: 1989년 (2nd)
Silver Ball English League Player of the Year: 1996년
Chelsea Player of the Year : 1996년

스카우팅 리포트

루드 굴리트는 디에고 마라도나와 비견될 정도로 좋은 재능을 가진 선수였다. 191cm라는 좋은 신체조건과 밸런스를 바탕으로 수비수, 미드필더, 공격수 등의 모든 포지션을 소화할 수 있는 올라운드 플레이어였다. 이것은 다재다능함뿐만 아니라 멘탈적인 부분에도 좋은 영향을 끼쳤는데, 실제로 루드 굴리트의 모든 포지션을 소화할 수 있다는 장점은 경기에서 상대 포지션의 심리적인 부분을 이용하는데 큰 도움이 되었다.

또한 루드 굴리트는 엄청난 체력을 바탕으로 경기 내내 좌우, 전방, 후방을 쉴 새 없이 뛰어다니는 성실한 선수였으며, 모든 축구기술을 경기장에서 자유자재로 사용할 수 있었다. 또한, 축구지능 면에서도 큰 두각을 나타내곤 했었다.

루드 굴리트의 축구인생

　루드 굴리트는 1962년 암스테르담에서 수리남 출신 아버지와 네덜란드 출신의 어머니 사이에서 태어났다. 가난한 환경 때문에 길거리 축구를 접한 루드 굴리트는 재능을 인정받아 1978년 HFC하를렘에 입단하게 된다. HFC하를렘에서 네덜란드 리그 최연소 출전(16세)를 비롯해 2년간 좋은 활약(91경기 31골)을 펼친 루드 굴리트는 유럽에 내로라하는 빅클럽들의 이적제안을 받았지만, 자국 명문 페예노르트를 선택한다. 그는 '토털 풋볼을 완벽히 이해한 자' 요한 크루이프와 함께 페예노르트를 리그와 컵 대회를 우승으로 이끌어 팀 창단 최초로 더블을 달성시킨다.

　그러나 우승의 행복도 잠시, 당시 페예노르트 감독이었던 리브레크츠와 홈 경기에서 쏟아지는 인종차별적 발언과 야유를 이유로 페예노르트의 라이벌 팀 PSV에인트호벤으로 보금자리를 옮긴다. PSV에인트호벤에서 루드 굴리트는 리그 2연패, 네덜란드 올해의 선수상을 수상 그리고 AC밀란 이적, 발롱도르 수상 등 선수로서 전성기에 접어든다.

　AC밀란에서 루드 굴리트는 유러피언 컵 2연패, UEFA 슈퍼컵, 인터컨티넨탈컵 우승 그리고 발롱도르 순위권에 꾸준히 진입하는 등 개인으로서 팀으로서 영광을 누린다. 비록 파비오 카펠로 체제에서 고질적인 무릎부상을 이유로 전력에서 제외되어 AC밀란을 떠났지만, AC밀란에서의 모습은 팬들에게 기분 좋은 이야깃거리로 남아있다.

AC밀란을 떠난 루드 굴리트는 삼프로디아에서 코파 이탈리아 우승에 일조하는 등 좋은 활약을 이어간다. 그 후 1995년 이탈리아 생활을 청산하고 잉글랜드 첼시로 무대를 옮기게 되는데 그는 여기서 또 새로운 역사를 쓰게 된다. 데뷔 초 포지션인 수비형 미드필더, 스위퍼로 포지션을 변경해 첼시에서 잉글랜드 올해의 선수상 2위를 기록했고, 1997년에는 첼시의 감독으로 FA컵을 들어 올리는 등 첼시와도 좋은 인연을 이어나갔다.

7. '수비의 교과서' 파올로 말디니

'AC밀란의 레전드, 수비의 교과서' 파올로 말디니는 AC밀란 소속으로 5번의 유럽 챔피언스리그 우승과 8번의 유럽 챔피언스리그 결승전을 경험한 유럽 챔피언스리그와 남다른 인연이 있는 선수이다.

- 국적 : 이탈리아
- 생년월일 : 1968년 6월 8일 ~ 현재
- 포지션 : 왼쪽 수비수, 센터백

선수 경력

- 1984년~2009년 AC밀란

수상 경력

- 팀
  - AC밀란
    Serie A : 1987년~1988년, 1991년~1992년, 1992년~1993년, 1993년~1994년, 1995년~1996년, 1998년~1999년, 2003년~2004년
    Coppa Italia : 2002년~2003년
    Supercoppa Italiana : 1988년, 1992년, 1993년, 1994년, 2004년
    European Cup/Champions League : 1988년~1989년, 1989년~1990년, 1993년~1994년, 2002년~2003년, 2006년~2007년
    UEFA Super Cup : 1989년, 1990년, 1994년, 2003년, 2007년
    Intercontinental Cup : 1989년, 1990년
    FIFA Club World Cup : 2007년

  - 국가대표팀 이탈리아

- 피파 월드컵
  준우승 : 1994년
  3위 : 1990년

- UEFA 유로피언 풋볼 챔피언십
  준우승 : 2000년

❖ 개인

Bravo Award : 1989년
FIFA World Cup Team of the Tournament : 1994년
UEFA European Championship Team of the Tournament : 1988년, 1996년, 2000년
FIFA World Cup All-Star Team : 1990년, 1994년
UEFA Champions League Final Man of the Match : 2003년
1995 FIFA World Player of the Year: Silver Award
Ballon d'Or Bronze Award : 1994년, 2003년
Serie A Defender of the Year : 2004년
FIFA 100
UEFA Team of the Year : 2003년, 2005년
FIFPro World XI : 2005년
UEFA Champions League Best Defender : 2007년
Italy captain : 1994년~2002년
UEFA Champions League Achievement Award : 2009년
AC Milan all-time highest number of appearances : 902

UEFA Champions League Record of most appearances : 168
Serie A highest number of appearances : 647
Most appearances in all competitions (A.C. Milan) : 902
Most league appearances (only Serie A regular-seasons) : 647
Most league appearances for A.C. Milan (only Serie A regular-seasons) : 647
Most UEFA club competitions appearances : 175
Most UEFA club competitions appearances for A.C. Milan : 175
Most European competitions appearances : 168
Most European competitions appearances for A.C. Milan : 168
Most UEFA Champions League appearances for A.C. Milan : 139
Most finals played in UEFA Champions League - 8 (tied with Francisco Gento)
Youngest first-team player (A.C. Milan) : 16 years and 208 days (against Udinese, 20 January 1985)
Longest-serving player (A.C. Milan) : 24 years and 132 days (from 20 January 1985 to 31 May 2009)
Record of minutes played in the World Cups : 2216

스카우팅 리포트

파올로 말디니는 젊은 시절에는 빠른 스피드와 밸런스를 바탕으로 왼쪽 풀백으로, 노장이 되고 나서는 노련함과 수비리딩을 바탕으로 '유럽 최고의 수비수'라는 애칭을 가지고 있었던 선수다. 그는 수비수로서 공격력과 수비력 모두 최고의 모습을 보여줬는데, 그 중에서도 공만 부드럽게 뺏어내는 능력, 정확한 타이밍의 인터셉트, 빠른 판단력, 날카로운 크로스가 최대 장점으로 평가받는 선수였다. 또한 충성심과 리더쉽, 개인 기록 역시 역사상 최고의 반열에 들 수 있을 만큼 뛰어났다.

파올로 말디니의 축구인생

파올로 말디니는 1968년 이탈리아의 밀라노에서 태어났다. 말디니의 아버지도 유명한 수비수이자 감독인 체자레 말디니였으니 그의 축구 재능은 어느 정도 타고난 것이라고 할 수 있다. 말디니는 밀란에서 활약하며 챔피언스리그를 제패한 아버지의 뒤를 따라 10살 때 AC밀란 유스팀에 입단한다. 유스팀에 입단한 6년 뒤인 16살 때 처음으로 프로무대 데뷔전을 치뤘고, 다음 시즌부터는 AC밀란에서 총 40경기를 치루면서 불과 17세에 AC밀란의 왼쪽 측면수비를 책임지게 된다.

그 후 말디니는 25년간 AC밀란의 왼쪽 측면수비와 중앙수비를 책임지면서 AC밀란의 영광과 함께했다. 전설의 팀으로 불리는 사키의 밀란, 카펠로의 밀란, 안첼로티의 밀란.

모두 그 중심에 말디니가 있었으며 신인, 전성기에 접어든 선수, 팀의 정신적 지주로 AC밀란과 함께했다. 그야말로 말디니의 축구인생은 AC밀란 그 자체였다.

파울로 말디니와 관련된 어록

현 시점에서 리오넬 메시가 최정상에 있고 카카가 깊은 인상을 줬으며, 지단은 의심할 나위없는 천재였으나 내가 가장 좋아하는 선수는 파울로 말디니다.

-알렉스 퍼거슨

내가 이제껏 본 선수 가운데 가장 위대한 선수 중 하나이다.

-마르셀로 리피

내가 상대해본 선수 가운데 파울로 말디니가 최고다. 우리는 유러피언 슈퍼컵에서 밀란을 상대로 했고 말디니가 나를 마크했는데 난 경기 내내 공 한번 제대로 못 차봤다. 그는 정말 믿을 수 없는 선수다.

-폴 머슨

말디니가 밀란의 상징이다.

-지안니 리베라

지난 20년을 통틀어, 밀란이 배출해낸 프랑코 바레시를 뛰어넘는 최고의 선수다.

-실비오 베를루스코니

내 모든 찬사를 그에게 바친다. 그는 발롱도르를 수상하진 못했지만, 내가 줄 수 있다면 백개라도 그에게 주고 싶다.
-필립 맥세

그는 위대한 선수이며, 위대한 주장이자 위대한 인물이다. 그의 커리어의 마지막 6개월 동안 그의 곁에서 뛸 수 있다는 것은 엄청난 일이다.
-데이비드 베컴

당신은 진정한 넘버원이다. 위대한 선수들과 월드클래스의 선수들이 있다. 그리고 이 모든 것을 뛰어넘는 선수들이 있는데 파올로 말디니가 그런 선수들의 완벽한 예시이다.
-델 피에로

난 파올로 말디니 같은 역사를 써내려가고 싶다. 그는 나의 본보기이며 모든 것들 가운데 항상 최고였다.
-히카르도 카카

그에게 감사한다. 그리고 그와 다시 한번 함께하길 소망한다.
-로베르토 바조

말디니의 은퇴를 기념하는 대표팀 경기가 치러지길 소망한다. 그는 이탈리아 축구의 역사를 쓴 선수이기 때문이다.
-지안루카 잠브로타

그는 위대한 선수이며 그의 시대에 최고의 선수 가운데 한 명이다. 그는 그의 커리어에 다섯 번의 챔스 우승을 포함해 대부분을 이뤘다. 그는 오래도록 기억될 것이다.

-제이미 캐러거

난 그처럼 오래 뛸 수 없을 것이다. 그는 누구도 갖지 못한 무언가를 가지고 있으며 금속처럼 단단하고 느슨해지지 않는다. 4~5년 동안 내가 그렇게 할 수 있을 것이라고 생각하지 않는다.

-알레산드로 네스타

8. 레알 마드리드 최고의 주장, 라울 곤잘레스

레알 마드리드의 전설, 라울 곤잘레스. 그는 유럽 챔피언스리그 최다골 기록을 보유하고 있을 만큼 유럽 챔피언스리그와의 인연이 남달랐다.

- ⚽ 국적 : 스페인
- ⚽ 생년월일 : 1977년 6월 27일

❃ 포지션 : 포워드

선수 경력

❃ 1994년~2010년 레알 마드리드
❃ 2010년~2012년 샬케04
❃ 2012년~현재 알 사드

개인 수상

❃ 팀
  - 레알 마드리드
    스페인 프리메라리가 : 1994년~1995년, 1996년~1997년, 2000년~2001년, 2002년~2003년, 2006년~2007년, 2007년~2008년
    코파 델 레이 : 1997년, 2001년, 2003년, 2008년
    UEFA 챔피언스리그 : 1997년~1998년, 1999년~2000년, 2001년~2002년
    UEFA 슈퍼컵 : 2002년
    인터네셔널 컵 : 1998년, 2002년

  - 샬케04
    DFB-포칼 : 2010년~2011년
    DFL-슈퍼컵 : 2011년

❃ 개인
  La Liga's Breakthrough Player : 1994년~1995년

La Liga's Best Spanish Player : 1996년~1997년, 1998년~1999년, 1999년~2000년, 2000년~2001년, 2001년~2002년
European Sports Magazines Team of the Year : 1996년~1997년, 1998년, 1999년, 1999년~2000년
Intercontinental Cup Best Player/Man of the match : 1998년
IFFHS World's Top Goal Scorer of the Year : 1999년
Zarra Trophy : 1995년~1996년, 1998년~1999년, 2000년~2001년, 2002년~2003년

- 피치치 트로피 : 1998년~1999년, 2000년~2001년
  Copa del Rey Top Scorer : 2001년~2002년, 2003년~2004년
  UEFA Euro Qualifying Top Scorer : 2000년
  UEFA Euro Team of the Tournament : 2000년
  UEFA Champions League Top Scorer : 1999년~2000년, 2000년~2001년
  UEFA Champions League Best Forward : 1999년~2000년, 2000년~2001년, 2001년~2002년

- Ballon d'Or 2위 : 2001년
  FIFA World Player of the Year Bronze award : 2001년
  FIFA 100
  Golden Foot Award Runner-up : 2009년, 2010년,

2011년
Marca Leyenda : 2009년
Goal of the Month in Germany : 2011년 8월, 2012년 3월, 2012년 4월
Goal of the Year in Germany : 2011년

스카우팅 리포트

레알 마드리드의 전설적인 포워드, 라울 곤잘레스는 아주 똑똑한 포워드였다.

그는 최전방에서 활동하며 부지런하고 지능적인 움직임을 가져가는 선수였다. 또한 패스, 연계플레이, 전술 이해도, 축구 센스, 골 결정력 모두 훌륭한 선수였으며, 수 년 간 레알 마드리드의 주장으로 팀을 이끄는 등 팀의 모범이 되는 선수였다.

라울의 축구인생

라울 곤잘레스는 1977년 스페인 마드리드에서 전기 수리공의 아들로 태어났다. 그는 어린 시절 아버지의 권유로 아틀레티코 마드리드 유소년 팀에 입단하게 되고, 아틀레티코 마드리드에서 축구를 체계적으로 배우며 재능을 뽐내고 있었다.

하지만 4년 후에 아틀레티코 마드리드 유소년팀이 재정난으로 해체되자, 지역 라이벌팀 레알 마드리드로 팀을 옮기게 된다.

레알 마드리드에 입단한 라울 곤잘레스는 레알 마드리드 C팀에서 활약하게 되고 그곳에서 놀라운 활약을 선보이자 그 해에 곧바로 1군에 올라가게 된다. 그리고 그는 베르나베우 홈 데뷔 무대에서 데뷔 골을 기록하면서 새로운 스타 탄생을 알렸다. 그 후 라울 곤잘레스는 레알 마드리드에서 승승장구했고 카펠로, 델 보스케 등 명장들의 지도 아래 유럽 최고의 포워드로 성장했다.

그는 첼시, 맨체스터 유나이티드, 바르셀로나 등의 클럽에서 수많은 러브콜을 받았으나 그때마다 레알 마드리드에 남았고 전성기를 레알에서 보내면서 역대 레알 마드리드 득점 1위라는 기록을 남겼다.

그런 그가 2010년, 정들었던 레알 마드리드를 떠나 독일의 샬케04에 이적하게 된다. 샬케04는 화려한 역사를 가지고 있는 팀은 아니지만 유럽 대회에 꾸준히 출장하고 투자도 많이 하는 잠재력이 풍부한 구단이었다.

라울 곤잘레스는 샬케04에서 '클래스는 영원하다'라는 말을 증명하듯이 녹슬지 않은 활약을 보였고 샬케04 소속으로 유럽 챔피언스리그 역대 최다골 기록을 세우는 등 전설적인 선수로 자리 잡았다. 샬케04와의 계약을 끝난 후 그는 카타르의 알 사드로 이적해 많은 나이에도 불구하고 좋은 활약을 펼치고 있다.

9. 검은 예수? 드록신! 디디에 드로그바

첼시의 레전드, 디디에 드로그바. 큰 경기마다 득점해 팀을 위기에서 구해주는 그의 장기는 유럽 챔피언스리그에서 더욱 빛났다.

- 국적 : 코트디부아르
- 생년월일 : 1978년 3월 11일
- 포지션 : 스트라이커

선수 경력

- 1998년~2002년 르망 UC72
- 2002년~2003년 갱강
- 2003년~2004년 올림피크 마르세유
- 2004년~2012년 첼시FC
- 2012년~2013년 상하이 선화

⚽ 2013년~현재   갈라타사라이SK

개인 수상

⚽ 팀
  - 첼시FC
    프리미어리그 : 2004년~2005년, 2005년~2006년, 2009년~2010년
    FA Cup : 2006년~2007년, 2008년~2009년, 2009년 ~ 2010년, 2011년~2012년
    칼링컵 : 2004년~2005, 2006년~2007년
    FA 커뮤니드 실드 : 2005년, 2009년
    유럽 챔피언스리그 : 2011년~2012년

⚽ 개인

  Onze d'Or : 2004년
  UEFA Cup Top Scorer : 2003년~2004년
  Ligue 1 Goal of the Year : 2003년~2004년
  Ligue 1 Team of the Year : 2003년~2004년
  Ligue 1 Player of the Year : 2003년~2004년
  African Footballer of the Year : 2006년, 2009년
  Chelsea Players' Player of the Year : 2007년
  Golden Boot Landmark Award 10 : 2006년~2007년
  Golden Boot Landmark Award 20 : 2006년~2007년
  PFA Team of the Year : 2006년~2007년, 2009년~2010년
  FA Community Shield Man of the Match : 2005년

Côte d'Ivoire Player of the Year : 2007년, 2012년
League Cup Final Man of the Match : 2007년
Premier League Golden Boot : 2007년, 2010년
FA Cup Final Man of the Match : 2010년
ESM Team of the Year : 2006 - 07년
UEFA Team of the Year : 2007년
FIFA/FIFPro World XI : 2007년
BBC African Footballer of the Year : 2009년
Chelsea Player of the Year : 2010년
Time Top 100 : 2010년
Africa Cup Top Scorer : 2012년
Africa Cup Team of the Tournament : 2006년, 2008년, 2012년
UEFA Champions League Final Man of the Match : 2012년
Côte d'Ivoire all-time Top Scorer

스카우팅 리포트

디디에 드로그바는 국내 축구팬들에게 '드록신'이라 불릴 만큼 영향력이 대단한 선수다. 189cm, 91kg 압도적인 신체 조건을 가진 그는 전방에서의 포스트 플레이에 능하며 큰 키에 걸맞지 않게 유연하고 탄력적인 턴과 볼을 다루는 기술을 가져 전방에서 홀로 골을 만들 수 있는 공격수로 평가받는다. 또한 강력한 슈팅능력과 뛰어난 골 결정력을 지니고 있고, 무

서울 정도의 비주얼로 상대를 압도하는 스트라이커이다.

감독에 따라 기록적인 부분에서 기복을 보임에도 불구하고, 디디에 드로그바가 높이 평가 받을 수 있는 가장 중요한 이유는 그가 큰 경기에 매우 강하다는 점이다. 디디에 드로그바는 첼시가 위기에 처했을 때나 중요한 경기에서 매번 득점을 기록해 팀을 승리로 이끌곤 했다.

드로그바의 축구인생

디디에 드로그바는 프랑스 유학 시절 축구를 처음 시작했다. 그는 첫 클럽인 르망에서는 자신의 스타일과 팀의 전술이 맞지 않아 곧 갱강 팀으로 이적했다. 갱강에서 그는 34경기 17골을 기록하면서 팀을 역사상 최고 순위인 7위까지로 끌어올렸고 그 덕분에 프랑스의 빅 클럽들로부터 주목받기 시작했다. 그렇게 드로그바는 프랑스의 빅 클럽 올림피크 마르세유로 이적했고, 마르세유에서 맹활약한 그 다음 시즌 운명적인 클럽 첼시로 팀을 옮겨 무리뉴를 만나게 된다. 크레스포, 케즈만 등의 쟁쟁한 공격수 사이에서 부담감을 느끼기도 했지만 곧 무리뉴의 지도하에 첼시의 주전 공격수로 성장했다.

드로그바는 또, 조국 코트디부아르를 월드컵 본선에 진출시켰다. 그는 본선 진출과 동시에 인터뷰를 통해 전쟁을 멈춰달라고 말했다. 코트디부아르에서 내전이 벌어지고 있었던 것이다. 드로그바의 간절한 부탁 덕분인지 기적적으로 코트디부아르는 1주일간 전쟁을 멈췄고 2년 뒤에는 내전이 완전히 종결되었다. 이 일로 드로그바는 코트디부아르의 영웅으로 추앙받게 된다.

월드컵 이후 드로그바는 무리뉴의 지도 아래에 더 성장했고, 프리미어리그 득점왕까지 기록하면서 세계적인 수준의 스트라이커로 발돋움했다. 무리뉴가 사임한 이후에 그랜트, 스콜라리 체제에서 부진하기도 했지만 히딩크, 안첼로티 아래에서 제2의 전성기를 보내면서 첼시의 승리에 많은 영향을 끼쳤다. 그리고 2012년 디마테오 체제에서 챔피언스리그 결승전 동점골을 성공시키고 승부차기 마지막 키커로 나서 경기를 끝내는 등 첼시의 역사에 한 획을 그었다. 이후 자유계약으로 첼시를 떠난 후 중국의 상하이 선화에 입단했었으며 지금은 터키의 갈라타사라이로 이적했다.

10. 이 시대의 슈퍼 플레이어, 리오넬 메시

유럽 챔피언스리그 4회 연속 득점왕, 현역 최고의 선수 리오넬 메시

- 국적 : 아르헨티나
- 생년월일 : 1987년 6월 24일
- 포지션 : 포워드

선수 경력

- 2003년~2004년 FC바르셀로나 C팀
- 2004년~2005년 FC바르셀로나 B팀
- 2004년~　　　　FC바르셀로나

개인 수상

- 팀
  - 바르셀로나
    프리메라리가 : 2004년~2005년, 2005년~2006년, 2008년~2009년, 2009년~2010, 2010년~2011년
    코파 델 레이 : 2008년~2009년, 2011년~2012년
    스페인 슈퍼컵 : 2005년, 2006년, 2009년, 2010년, 2011년
    UEFA Champions League : 2005년~2006년, 2008년~2009년, 2010년~2011년
    UEFA 슈퍼컵 : 2009년, 2011년
    FIFA 클럽월드컵 : 2009년, 2011년

  - 아르헨티나 대표팀
    베이징 올림픽 금메달 : 2008년
    FIFA U-20 월드컵 : 2005년

U-20 남아메리카 챔피언십 : 2005년

· 개인

FIFA Ballon d'Or : 2010년, 2011년, 2012년
Ballon d'Or : 2009. Ceased to exist in 2009년
FIFA World Player of the Year : 2009년
World Soccer Young Player of the Year : 2006년, 2007년, 2008년
World Soccer Player of the Year : 2009년, 2011년, 2012년
Onze d'Or : 2009년, 2011년, 2012년.
IFFHS World's Top Goal Scorer : 2011년, 2012년
IFFHS World's best Top Division Goal Scorer : 2012년
Goal.com Player of the Year : 2009년, 2011년
El País King of European Soccer : 2009년, 2010년, 2011년, 2012년
ESPY Best International Athlete : 2012년
European Golden Shoe : 2010년, 2012년
UEFA Best Player in Europe Award : 2011년
UEFA Club Footballer of the Year : 2009년
UEFA Team of the Year : 2008년, 2009년, 2010년, 2011년, 2012년
UEFA Champions League Top Goalscorer : 2009년, 2010년, 2011년, 2012년
UEFA Champions League Forward of the Year : 2009년

UEFA Champions League Final Man of the Match : 2011년
FIFA U-20 World Cup Player of the Tournament : 2005년
FIFA U-20 World Cup Top Goalscorer : 2005년
FIFA Club World Cup Golden Ball : 2009년, 2011년
FIFA FIFPro World XI : 2007년, 2008년, 2009년, 2010년, 2011년, 2012년
FIFPro World Young Player of the Year : 2006년, 2007년, 2008년
ESM Team of the Year : 2005년~2006년, 2007년~2008년, 2008년~2009년, 2009년~2010년, 2010년~2011년, 2011년~2012년
Pichichi Trophy : 2010년, 2012년
Copa del Rey Top Goalscorer : 2010년~2011년
La Liga Player of the Year : 2009년, 2010년, 2011년
La Liga Foreign Player of the Year : 2007년, 2009년, 2010년
La Liga Ibero-American Player of the Year : 2007년, 2009년, 2010년, 2011년, 2012년
LFP Best Player : 2009년, 2011년, 2012년
LFP Best Forward : 2009년, 2011년, 2012년
Marca Leyenda : 2009년
Bravo Award : 2007년
Copa América Young Player of the Tournament :

2007년

European Golden Boy : 2005년

Olimpia de Oro : 2011년

Olimpia de Plata : 2005년, 2007년, 2008년, 2009년, 2010년, 2011년, 2012년

Guinness World Records title for the most goals in a year : 91 goals

Most goals scored in a season (club) : 73 goals

Most goals scored in a year (club) : 79 goals

Most goals scored in a European Cup season : 14 goals

Most European Cup top scorer awards : 4

Highest scorer in a European Cup game : 5 goals

Most goals scored in a year (national team) : 12 goals

Most FIFA Ballon d'Or awards : 4

스카우팅 리포트

리오넬 메시는 설명이 필요없을 정도로 실력과 재능을 갖춘 선수이다. 그는 빠른 판단력과 뛰어난 균형감각을 지녔으며 그 능력들을 경기장에서 폭발시키는 멋진 드리블이 인상적이다. 상대 수비진을 휘젓는 드리블과 볼 간수능력, 탈압박능력은 역대 최고 선수가 아닐까 싶다. 또, 뛰어난 패싱능력과 놀랄만한 피니시 능력을 가지고 있으며, 오프 더 볼

움직임과 팀원들과의 연계플레이 역시 최고로 평가받는다.

메시의 축구인생

누구도 부정할 수 없는 세계 최고의 축구선수, 리오넬 메시. 어린 나이에 모든 걸 이룬 리오넬 메시이지만 그 시작만은 결코 순탄치 않은 축구인생이었다. 리오넬 메시는 공장 노동자인 아버지와 청소 아르바이트를 하던 어머니 사이에서 태어났다. 메시는 5살 때 지역 클럽에 들어가며 축구를 시작했고, 1995년에 지역 명문 뉴웰스 올드 보이스로 팀을 옮긴다.

하지만 11살이 된 그에게 시련이 찾아오는데 바로 성장호르몬 장애 판정을 받은 것. 리버 플레이트를 비롯한 아르헨티나 유명 클럽들은 리오넬 메시를 지켜보고 있었지만 비싼 치료 비용을 감당할 수 없었고 모두들 메시의 영입을 포기하게 된다. 그런 상황에서 FC바르셀로나의 디렉터 카를로스 렉사흐에 의해 치료를 보장받고 FC바르셀로나로 이적하게 된다.

FC바르셀로나에서 리오넬 메시는 놀라운 속도로 성장한다. 그리고 그는 자신의 단점인 작은 키를 장점으로 바꾸는 데 성공한다. 무게 중심을 낮춘 드리블과 축구 센스를 이용해 스페인 유소년 리그를 휩쓸고 1군에 승격하면서 프리메라리가에 최연소 출전, 득점 기록을 모두 새로 쓰게 된다(하지만 이 기록은 얼마 가지 않아 팀 동료였던 보얀 크르키치에 의해 깨지게 된다). 그 후 리오넬 메시는 크고 작은 부상, 팀의 부진에도 불구하고 꾸준히 성장한다.

그리고 2008년 펩 과르디올라 감독을 만나면서 리오넬 메시는 최고의 선수가 된다. 펩 과르디올라의 철저한 부상 관리와 식단 관리 덕분에, 이전까지 부상이 잦았던 그는 한 시즌을 전부 다 소화할 수 있는 선수가 되었고 펩 과르디올라의 혁신적인 전술 아래 프리메라리가 득점왕, 유럽 챔피언스리그 득점왕에 오른다.

또한 그는 발롱도르 등 수많은 개인 트로피를 따내고, 동시에 축구선수가 가질 수 있는 최고의 명예를 얻게 된다. 메시는 그 이후로도 한 해 최다골, 발롱도르 4연패, 4회 연속 유럽 챔피언스리그 득점왕 등극 등을 이루어내며 축구의 역사에 한 획을 그어가는 중이다.

제4장
명승부전

제4장 명승부전

1. 2011/2012 유럽 챔피언스리그 16강 2차전
첼시 vs 나폴리

> ☺ 경기정보
>
> 경기장 : 스탬포드 브릿지 (첼시의 홈 구장)
>
> 주심 : 펠릭스 브리츠 (독일)

1차전에서 완패한 첼시

1차전 나폴리와 첼시의 대결에서는 3-1로 나폴리가 승리했다. 2차전과는 다르게 1차전에는 안드레 빌라스-보아스 감독이 지휘했던 경기이다. 1차전 첼시의 패인 중 가장 큰 요소는 바로 선수들의 부상이었다. 중앙 미드필더부터 수비라인까지 많은 선수들이 경기에 출장하지 못하거나 좋지 못한 컨디션으로 경기를 뛰게 된 것. 당시 안드레 빌라스-보아스 감독이 사용하던 전술에선 중앙 미드필더의 기동력과 조직적인 수비라인이 전술의 핵심요소였지만 본 포지션이 윙어인 말루다를 어쩔 수 없이 투입해야 할 정도로 수비선수들의 부상이 연속되면서 팀의 조직력에 큰 문제가 생겨난 것이다. 첼시의 약한 조직력을 나폴리는 철저하게 공략했고 잉글랜드 강호는 이탈리아 나폴리에게 처참하게 무너졌다. 이 경기 이후 안드레 빌라스-보아스 감독은 경질됐고 '초짜 감독' 디 마테오 감독이 감독대행으로 선임되었다. 이렇듯 최악의 팀 분위기에 휩싸인 첼시가 불과 감독 경질 1주일 뒤에 열릴 2차전에서 기적적인 역전을 이뤄낼 수 있을 거라 생각하는 사람은 거의 없었다.

팀 브리핑

양 팀의 선발라인업

1차전 패배로 첼시는 공격적인 라인업을 들고 나왔고, 나폴리는 평소와 같은 라인업으로 첼시와의 대결을 준비했다. 첼시는 1차전에 사용한 4-3-3 전형에서 4-2-3-1 전형으로 포메이션을 변경하여 2차전에 나섰다. 이는 곧, 양 측면에 인사이드 커터를 기용하면서 측면에서의 공간을 적극 활용하겠다는 의미였다.

리아소르의 기적

03-04 시즌 유럽 챔피언스리그 8강에서 '스페인 갈리시아의 작은 클럽' 데포르티보가 '디펜딩 챔피언' AC밀란을 상대로 산 시로(AC밀란의 홈구장)에서 1차전 4-1 패배를 했지만, 2차전 리아르소 구장(데포르티보의 홈구장)에서 4-0으로 승리하는 기적적인 일이 벌어졌다. 사람들은 그것을 '리아소르의 기적'이라 불렀다. 그리고 첼시의 홈구장 스탬포드 브릿지에서 리아소르의 기적에 버금가는 또 하나의 기적이 탄생한다.

8강 진출을 포기하지 않았던 첼시

나폴리의 무서운 역습. 하지만 디디에 드로그바! 첼시는 지난 원정 경기에서의 패배를 뒤집기 위해 공격적으로 경기를 진행했지만 분위기는 쉽게 변하지 않았다. 오히려 나폴리에게 위협적인 역습 찬스를 내주며 실점을 걱정해야 했다. 전반 9분 함시크의 날카로운 슈팅을 시작으로 12분 카바니, 14분 라베찌, 15분 함시크, 17분 수니가에게 연달아 슈팅을 허용하는 등 첼시는 무기력해보였고, 나폴리는 그런 상대를 매섭게 몰아붙였다. 하지만 그런 와중에도 첼시의 골키퍼 체흐와 테리를 비롯한 수비진은 끝내 실점을 허용하지 않았다.

나폴리의 무서운 공격이 지나자 이번엔 첼시에게 공격 기회가 왔다. 전반 27분, 측면에서 하미레스가 올린 날카로운 크로스를 디디에 드로그바가 헤딩 슈팅으로 연결했고, 그것이 득점으로 연결되면서 첼시는 추격의 발판을 마련했다. 드로그바의 이 득점은 첼시에게 따라잡을 수 있다는 희망을 주었고, 그와 함께 경기의 분위기 역시 급격하게 첼시 쪽으로 기울었다. 전반 30분 스터리지의 위협적인 크로스를 캄파냐로가 간신히 차단하고, 33분엔 스터리지가 헤딩 슈팅을, 38분에는 에시앙이 슈팅을 날리는 등 맹공을 펼치며 추가득점을 노렸다. 하지만 이러한 첼시의 매서운 공격이 득점으로 이어지지는 못했고 1-0 (합계 2-3)으로 전반전이 종료됐다.

첼시의 주장과 부주장. 경기를 원점으로 되돌리다 전반전 디디에 드로그바의 득점으로 경기의 흐름을 가져온 첼시는 후반전에도 전반 막바지의 흐름을 이어갔다. 후반 1분 마타의 코너킥을 '캡틴' 존 테리가 헤딩 득점으로 연결시키면서, 8강 진출에 한발 앞서가게 되었다. {2-0(3-3)} 하지만 나폴리의 반격도 만만치는 않았다. 후반 9분 인러의 중거리 슈팅이 첼시의 골문을 가르며 다시 나폴리가 앞서나가기 시작한 것이다. 위기를 느낀 디마테오 감독은 페르난도 토레스를 측면 포워드로 투입시키면서 첼시의 공격 속도를 다시 끌어올리는데 성공했다. 공격 속도가 살아나자, 첼시의 유효 슈팅도 늘어났다. 후반 18분, 20분 각각 이바노비치, 디디에 드로그바가 연이어 슈팅을 기록했지만 나폴리의 수문장 데산치스의 세이브에 득점에는 실패했다. 그리고 69분 나폴리 수니가의 슈팅과 71분 첼시 토레스의 날카로운 헤딩 슈팅이 이어지면서 양 팀의 공방전이 계속 됐다. 그러던 중 첼시 이바노비치가 날린 슈팅이 나폴리 수비수 도세나의 팔에 닿았고 이에 주심은 페널티킥을 선언한다. 키커로 나선 프랭크 램파드는 가볍게 페널티킥을 성공시켰고, 경기는 완벽한 동점 상태(통합 스코어 4-4)가 되었다.

기적적인 승리. 이바노비치가 결정짓다 첼시의 안 좋은 분위기, 검증되지 않은 디마테오 감독의 능력, 1차전에서 느낀 나폴리의 위력. 절대 이뤄지지 않을 것 같았던 첼시의 8강 진출은 연장전 14분 드로그바의 크로스에 이은 이바노비치의 슈팅이 득점으로 연결되면서 이루어졌다. 남은 시간 나폴리의 공격을 잘 막아낸 첼시는 결국 기적적으로 8강에 진출하게 되었다. {경기결과 4-1 (합계5-4) 첼시 8강 진출!}

2. 2008/2009 유럽 챔피언스리그 8강 2차전
첼시 VS 리버풀

> ◈ 경기정보
> 경기장 : 스탬포드 브릿지 (첼시FC)
> 주심 : 루이스 메디나 칸탈레호 (스페인)

'신예' 이바노비치의 등장!

첼시는 스콜라리 감독을 경질시키고, 그 구원투수로 러시아 대표팀을 이끌고 있었던 히딩크 감독을 선택했다. 히딩크 감독은 전임 스콜라리 시절 기회를 부여받지 못했던 디디에 드로그바와 이바노비치, 페트르 체흐, 플로랑 말루다를 중용하면서 다시 하나의 팀으로 융화시키는데 성공했고 그런 그들의 활약으로 리그와 유럽 대회에서 모두 승승장구하고 있었다. 이런 점이 경기에 크게 작용한 것일까? 페트르 체흐, 디디에 드로그바, 플로랑 말루다 등을 비롯한 선수들의 맹활약으로 경기를 내내 지배했고, 유럽 챔피언스리그에 첫 출전한 '신예' 이바노비치가 세트피스 상황에서 두 골을 기록하며 '적지' 안필드에서 리버풀을 3-1로 제압하는 이변을 연출했다.

팀 브리핑

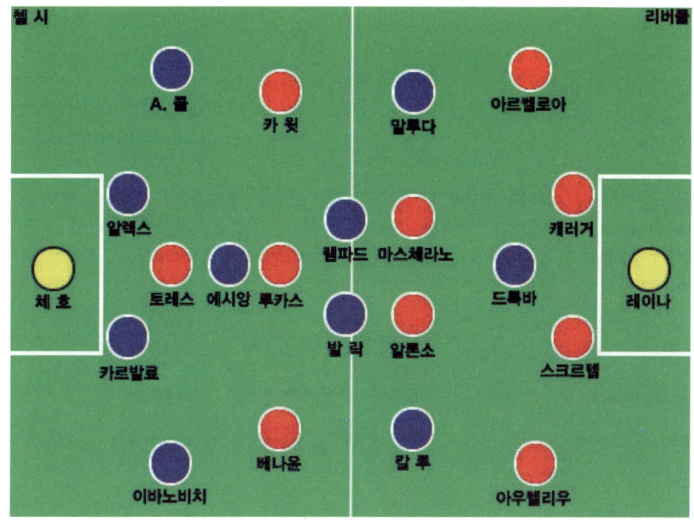

양 팀의 선발라인업

양 팀 모두 팀의 핵심이자 주장인 선수들을 경기에 내보낼 수 없었다. 첼시의 존 테리는 경고 누적으로, 리버풀의 스티븐 제라드는 부상으로 경기에서 제외됐다. 1차전 3-1 스코어를 리버풀이 뒤집을 확률은 3%로 나올 만큼 리버풀의 4강 진출은 요원해보였다.

첼시는 이번 2차전 경기에서 수비적으로 라인업을 구성했다. 리버풀은 평소와 같은 라인업을 구성하면서 좋은 크로스능력을 지닌 측면 풀백이 자주 오버래핑을 시도할 것으로 보였고, 미드필더 선수들도 공격적인 마인드를 가지고 경기를 임할 것으로 예상됐다.

첼시와 리버풀, 유럽 챔스리그에서의 악연

2004/2005 4강전

Aggr.		Chelsea	0 - 1	Liverpool
Wed	27/04/05	Chelsea	0 - 0	Liverpool
Tue	03/05/05	Liverpool	1 - 0	Chelsea

2005/2006 조별리그

Wed	07/12/05	Chelsea	0 - 0	Liverpool
Thu	29/09/05	Liverpool	0 - 0	Chelsea

2006/2007 4강전

Aggr.		Liverpool	1 - 1	Chelsea
Thu	26/04/07	Chelsea	1 - 0	Liverpool
Wed	02/05/07	Liverpool	P 1 - 0	Chelsea

2007/2008 4강전

Aggr.		Liverpool	3 - 4	Chelsea
Wed	23/04/08	Liverpool	1 - 1	Chelsea
Thu	01/05/08	Chelsea	E 3 - 2	Liverpool

첼시와 리버풀은 매 시즌 유럽 챔피언스리그에서 대결을 펼치며 끈질긴 악연을 이어나가고 있었다. 두 팀의 대결은

조세 무리뉴와 라파엘 베니테즈의 신경전에서부터 루이스 가르시아의 유령골 등 많은 화젯거리를 몰고 다니는 경기이기도 했다.

우리는 리버풀이다! 하지만 여기는 스탬포드 브릿지다!

안이했던 첼시, 희망의 끈을 놓지 않았던 리버풀 리버풀은 경기 초반부터 매우 공격적으로 나왔다. 그리고 1차전의 승리 때문인지 경기 초반 안이한 모습을 보여주는 첼시를 상대로 매섭게 몰아붙였다. 그리고 곧 득점에 성공했다. 전반 18분 아우렐리오가 허를 찌르는 프리킥 슈팅이 선취득점으로 연결되었으며 곧이어 '1차전의 영웅' 이바노비치의 반칙으로 얻어낸 페널티킥을 알론소가 성공시키면서 전반전에만 2-0으로 앞서 나갔다. 비록 원정다득점 원칙에 따라 완전히 앞서 나간 것은 아니었지만 리버풀이 첼시를 상대로 3-0을 만드는 것은 시간문제일 것 같았다.

전반 35분 아넬카 투입. 흐름을 바꾸다. 예상과 다르게 경기의 흐름이 흘러가자 히딩크 감독은 전반 35분 만에 칼루를 빼고 아넬카를 투입하면서 분위기 전환을 시도했다. 그리고 히딩크의 이 작전은 성공을 거둔다. 후반 5분 아넬카가 오른쪽에서 올려준 크로스를 드로그바가 슈팅으로 연결하면서 득점에 성공한 것. 드로그바의 골과 동시에 분위기는 첼시 쪽으로 급격하게 기울기 시작했다. 55분에 얻은 드로그바의 위협적인 프리킥은 골문을 살짝 빗나갔지만, 1

분 뒤인 56분 다시 얻은 프리킥 기회에서는 알렉스가 대포알 같은 슈팅으로 골을 만들어 냈다. 2-0으로 뒤지고 있던 스코어를 2-2 동점으로 돌려놓은 첼시는 위기에서 한 숨 돌릴 수 있었다.

맹공 퍼부은 리버풀, 램파드의 한방에 무너지다. 2-2 동점이 되자, 급해진 리버풀은 첼시를 상대로 맹공을 퍼붓기 시작했다. 공격진의 유기적인 움직임으로 슈팅공간을 만들어내던 리버풀은 62분 마스체라노의 슈팅을 시작으로 69분 토레스의 슈팅, 72분 루카스의 슈팅, 74분 토레스의 아까운 오프사이드 등 위협적인 찬스를 계속 만들어내기 시작했다. 하지만 수비형 미드필더인 마스체라노를 빼고 왼쪽 측면 미드필더 리에라까지 투입하면서 공격적인 기회를 만들려던 리버풀은 오히려 첼시의 강력한 전방 압박에 이은 역습으로 프랭크 램파드에게 실점하면서 사실상 경기에서 패배하는 것 같았다.

포기하지 않은 리버풀, 결국 결실을 맺다 79분 지친 토레스를 빼고 은고그를 투입하면서 추격의 고삐를 놓지 않던 리버풀이 결국 득점에 성공했다. 80분 루카스가 먼 거리에서 쏜 중거리 슈팅이 득점으로 이어졌고, 83분 리에라의 돌파에 이은 날카로운 크로스를 카윗이 헤딩 득점으로 연결시키면서 다시 4-3으로 앞서나갔다. 리버풀이 1골만 더 성공시킬 경우 원정다득점 원칙에 의해 리버풀이 4강에 진출하는 상황이 만들어진 것. {3-4(합계 : 6-5)}

게임오버! 램파드의 득점! 연이은 득점으로 기세가 오른 베니테즈 감독은 오른쪽 수비수인 아르벨로아를 빼고 오른쪽 윙어 라이언 바벨을 투입해 마지막 한 골을 노렸다. 하지만 그만큼 부실해진 리버풀의 수비라인은 결국 첼시 램파드에 의해 무너졌다. 86분에 때린 램파드의 중거리 슈팅은 캐러거가 간신히 막아냈지만, 88분 오른쪽 측면에서 올라온 아넬카의 크로스를 램파드가 논스톱 슈팅으로 연결한 것은 막아낼 수 없었다. 결국 경기는 4-4로 종료되었으며, 1,2차전 합계 7-5의 스코어로 첼시가 4강에 진출하였다.

3. 1998/1999 챔스리그 결승전
맨유 vs 바이에른 뮌헨

> 경기정보
>
> 경기장 : 누 캄프 (FC 바르셀로나)
>
> 주심 : 콜리나 (이탈리아)

조별리그, 두 번의 무승부

1998/1999 유럽 챔피언스리그 D조에 함께 속하게 된 바이에른 뮌헨과 맨체스터 유나이티드는 각자의 홈구장에서 1번 씩 조별예선 맞대결 경기를 치렀다. 바이에른 뮌헨의 홈구장에서는 2-2, 맨체스터 유나이티드의 홈구장에서는 1-1. 우위를 가릴 수 없는 두 번의 무승부였다. 그리고 조별예선

이후 이어진 경기들에서 승승장구한 두 팀은 대회의 결승전에서 다시 한 번 만나게 되었다.

팀 브리핑

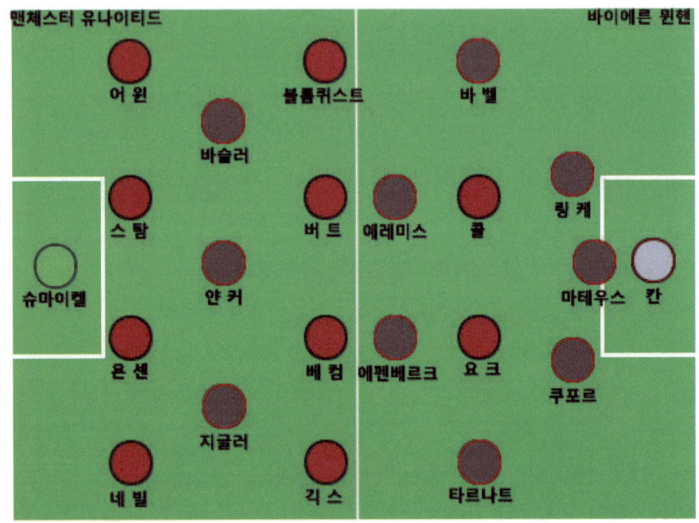

양 팀의 선발라인업

결승전에 출전한 라인업을 보면 양 팀의 상황을 알 수 있다. 바이에른 뮌헨은 팀의 베스트 일레븐을 그대로 내보냈지만, 맨체스터 유나이티드는 스콜스가 경고 누적으로, 킨이 부상으로 제외되었다. 바이에른 뮌헨은 선수비-후공격의 전술로 경기에 나설 것으로 보였다. 맨체스터 유나이티드의 강력한 공격진에 맞서 철저한 간격 유지와 전방 압박을 통한 빠른 역습으로 대응하려는 전략이었다. 반면 맨체스터 유나이티드는 스콜스와 킨의 공백으로 인해 중원의 무게감이 떨어지는 만큼, 요크-콜의 포스트 플레이에 의존한 공격법으로 결승전을 치를 것으로 보였다.

로타 마테우스

로타 마테우스는 독일 출신의 전설적인 미드필더 및 수비수로 독일 축구의 전형적 이미지를 대표하는 선수다. 그는 탄탄한 기본기를 바탕으로 왕성한 활동량과 체력, 뛰어난 조율 능력과 패스 능력, 강력한 슈팅을 자랑하던 선수로 젊은 시절 미드필더 포지션에서 최전성기를 보냈고, 나이가 든 후 리베로로 포지션을 변경한 후에 제2의 전성기를 보냈다.

누 캄프의 기적

역습 전략으로 경기를 지배한 바이에른 뮌헨 바이에른 뮌헨은 철저한 수비를 기본 바탕으로 하면서 역습 찬스를 노렸다.

실제로 그들은 단단한 수비와 빠른 역습을 통해 90분 내내 경기를 지배할 수 있었다. 전반 6분 바슬러의 프리킥 득점을 시작으로 14분에 또 한 번 바슬러가 프리킥 슈팅을 기록했고, 16분에는 지글러가 슈팅을 날리며 상대 맨체스터 유나이티드의 골문을 위협했다. 후반전이 되자 바이에른 뮌헨의 역습 전략은 더욱 빛을 냈다. 맨체스터 유나이티드는 바이에른 뮌헨의 수비 블록에 고전하면서 제대로 된 유효 슈팅마저도 만들어내지 못했다.

오히려 후반 1분 얀커의 좋은 움직임에 이은 슈팅과 후반 9분 쿠포르의 헤딩 슈팅, 후반 19분 바슬러의 하프라인에서의 칩 샷 등에서 볼 수 있듯, 상대 공격을 효과적으로 막아내고 빠른 역습으로 슈팅까지 기록하는 바이에른 뮌헨의 공격 작업이 훨씬 더 효율적이었다. 맨체스터 유나이티드가 공격적으로 전술을 변경하고 선수 교체로 변화를 꾀할수록, 바이에른 뮌헨의 역습전략은 더 큰 효과를 보았다.

후반 27분 에펜베르크의 날카로운 슈팅이 그 시작이었고, 1분 뒤인 후반 28분에는 에펜베르크가 일대일 찬스를 맞이하였으며 후반 34분과 39분 스콜과 얀커가 각각 골대를 맞추는 등 바이에른 뮌헨은 역습의 정석을 보여주고 있었다. 결국 득점에는 실패하여 실제 스코어는 1-0으로 유지되고 있었지만 경기장의 분위기만큼은 바이에른 뮌헨이 세 골 차 이상으로 리드하는 것처럼 느껴졌다.

경기 내내 무기력했던 맨체스터 유나이티드 맨체스터 유나이티드는 경기 내내 무기력한 모습을 보여주며 바이에른 뮌헨에게 지배당했다. 베컴과 긱스의 측면 드리블 돌파 후 크로스는 바이에른 뮌헨의 수비진에게 번번이 막혔고, 당시 맨체스터 유나이티드의 주무기였던 침투패스는 상대의 지능적인 오프사이드 트랩에 걸리면서 기회를 창출하지 못했다.

게다가 골키퍼 슈마이켈이 골킥 미스를 연발하고, 불안한 볼 처리를 반복하는 등 팀 분위기는 최악이 되어가고 있었다. 퍼거슨 감독은 분위기 반전을 노려 셰링엄과 솔샤르를 투입했지만 즉각적인 효과를 보지는 못했다.

추가시간의 기적!   정규시간 90분이 지나고 추가시간 3분이 주어졌지만 여전히 위협적이었던 팀은 앞서고 있는 바이에른 뮌헨이었다. 따라서 맨체스터 유나이티드의 기적을 예상하는 이들은 거의 없었다.

하지만 결국 그 3분의 추가시간 동안 기적이 일어났다. 91분 코너킥 혼전상황에서 긱스의 발에 잘못 맞은 공이 교체 투입된 셰링엄에게 연결됐고 셰링엄은 그 공을 골문을 향한 슈팅으로 이어나가며 동점골을 성공시켰다. 추가시간에 터진 극적인 동점골이었다.

하지만 퍼거슨의 맨체스터 유나이티드는 여기에 만족하지 않았다. 93분 맨체스터 유나이티드는 다시 한 번 코너킥 찬스를 잡았고 이어진 혼전상황에서 솔샤르가 본능적인 슈팅을 기록한 것이 바이에른 뮌헨의 골망을 뒤흔들었다. 맨체스터 유나이티드의 거짓말 같은 역전. 결국 맨체스터 유나이티드는 3분 만에 경기를 뒤집고 우승컵에 맨체스터 유나이티드라는 이름을 새기게 되었다.

바이에른 뮌헨의 팬들을 제외한 전 세계의 모든 축구팬들이 이 기적 같은 승리, 우승에 열광했다. 훗날 이 날의 경기는 축구 팬들에 의해 '추가시간의 기적' 그리고 '누 캄프의 기적' 등으로 불리며 회자되었다.

4. 2002/2003 챔스리그 8강 2차전
맨유 vs 레알 마드리드

> ⊙ 경기정보
> 경기장 : 올드 트래포트 (맨체스터 유나이티드의 홈구장)
> 주심 : 콜리나 (이탈리아)

라울, 피구의 맹활약으로 1차전을 승리한 레알 마드리드. 2002/2003 유럽 챔피언스리그 8강 1차전은 레알 마드리드의 홈구장인 산티아고 베르나베우에서 열렸다. 레알 마드리드와 맨체스터 유나이티드의 이 대결은 루이스 피구, 라울 곤잘레스, 루드 반 니스텔루이, 지네딘 지단, 데이비드 베컴 등의 세계적인 스타선수들의 대결로도 화제를 모았다. 1차전 경기는 루이스 피구의 골과 라울의 멀티골을 앞세운 레알 마드리드가, 반 니스텔루이가 1골을 기록한 맨체스터 유나이티드에 3-1 승리를 거두었다.

팀 브리핑

양 팀 모두 베스트멤버로 경기를 치룰 수 있는 상황은 아니었다. 레알 마드리드는 라울 곤잘레스가 맹장 수술로 제외됐고, 맨체스터 유나이티드는 스콜스와 개리 네빌이 부상으로 경기에 나설 수 없었다. 또한 맨체스터 유나이티드는 베론과 바르테즈가 부상의 여파를 안고 경기를 뛰는 상황이었다.

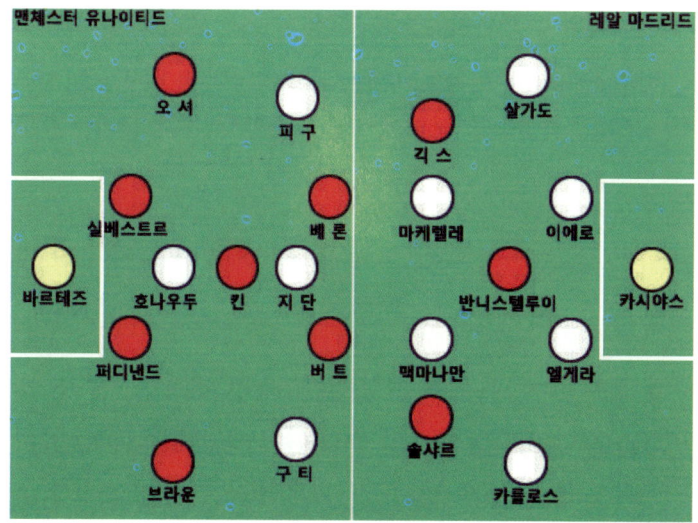

양 팀의 선발라인업

　레알 마드리드의 라인업에서 눈에 띄는 부분은 잉글랜드 원정인 점을 고려하여 잉글랜드 리버풀 출신 맥마나만을 선발 투입했다는 점이다. 그리고 중원에 구티를 배치하면서 빠른 역습을 통해 경기를 주도하려는 그들의 의도를 엿볼 수 있었다. 맨체스터 유나이티드는 1차전에서 부진한 베컴을 선발명단에서 제외하고, 중원에 7주 동안 부상으로 제외되어 있었던 '최고의 킬 패서' 베론을 투입했다. 공격에 무게감을 둔 선발라인업이었다.

세계 최고의 스트라이커들의 대결

맨체스터 유나이티드의 반 니스텔루이, 레알 마드리드의 호나우두. 축구팬들 사이에서 소위 '세계 4대 스트라이커'로 불리던 선수들 중 2명이었다. 그들이 '최고의 조력자' 베론, 베컴, 지단, 피구, 구티 등의 선수들을 등에 업고 어떤 활약을 보여줄 것인지 만으로도 맨체스터 유나이티드와 레알 마드리드의 대결은 흥미로웠다.

유럽 챔피언스리그 최고 시청률을 기록한 경기

치열한 공방전을 펼치는 맨체스터 유나이티드와 레알 마드리드 맨체스터 유나이티드와 레알 마드리드는 경기 초반부터 치열한 공방전을 펼쳤다. 전반 3분 반 니스텔로이의 위협적인 슈팅으로 맨체스터 유나이티드가 먼저 포문을 열었으나, 전반 12분 구티의 스루패스를 받은 호나우두가 논스톱으로 슈팅을 연결하면서 득점에 성공하게 된다. 그 후 피구와 엘게라의 위협적인 슈팅이 있었으며, 전반 24분 반 니스텔로이가 날카로운 크로스를 올리고 30분 카를로스가 날카로운 프리킥 슈팅을 기록하는 등 양 팀은 멋진 경기를 펼쳐나갔다. {0-1(합계스코어 1-4)}

전반 후반, 맨체스터 유나이티드의 파상공세 전반전이 중반부에서 후반부로 접어들면서 맨체스터 유나이티드가 분위기를 주도했다. 35분 긱스가 위협적인 슈팅을 날렸고, 39분과 41분 솔샤르가 두 번의 강력한 슈팅을 기록하면서 공격에 물꼬를 트기 시작했다. 두드리면 열린다더니 결국엔 43분 동점골이 터졌다. 솔샤르가 페널티 박스 안에서 상대 선수들의 시선을 자신에게 집중시킨 뒤, 반 니스텔로이에게 패스했고 그 공을 반 니스텔로이가 그대로 밀어 넣으면서 동점골을 성공시켰다. 반 니스텔로이의 득점으로 상승세를 탄 맨체스터 유나이티드는 추가시간에 니키 버트가 중거리 슈팅을, 브라운이 루즈볼 슈팅을, 반 니스텔로이가 터닝슛을 기록하는 등 위협적인 모습을 보여주고 전반을 마무리 지었다. {1-1 (합계스코어 2-4)}

순도 높은 결정력의 호나우두, 다시 앞서나가는 레알 마드리드! 레알 마드리드는 호나우두의 뛰어난 개인 기량 덕분에 다시 앞서 나갈 수 있었다. 후반 4분 지단의 센스 있는 슈팅이 골대를 맞고 나오면서 잠시간 불길한 징조가 감돌기도 했지만 바로 1분 뒤에 지단의 스루패스에 받은 카를로스가 호나우두에게 정확한 패스를 연결하고 호나우두가 그 공을 가볍게 밀어 넣으면서 득점에 성공하게 된다. 그 후 레알 마드리드의 수비수 엘게라의 자책골이 터지기도 했지만, 14분 호나우두의 놀라운 중거리슈팅이 맨유의 골문 오른쪽 상단 구석에 꽂히면서 레알 마드리드가 다시 앞서 나가게 되었다. {3-2 (합계스코어 3-5)}

데이비드 베컴의 투입, 분위기 반전에 성공하다! 수세에 몰린 맨체스터 유나이티드의 퍼거슨 감독은 부진한 베론을 불러들이고 베컴을 투입한다. 베컴의 투입과 동시에 맨체스터 유나이티드는 경기의 흐름을 가져왔다. 후반 20분 반 니스텔로이의 중거리 슈팅이 골대를 맞고 나왔고, 후반 23분 베컴의 날카로운 크로스에 이은 솔샤르의 헤딩 슈팅이 터져 나왔다. 그 여세를 몰아 계속해서 밀어붙이더니 결국 후반 25분 베컴이 프리킥 골을 성공시키면서 스코어는 3-3이 된다. 그 후 맨체스터 유나이티드는 레알 마드리드를 상대로 파상공세를 펼친다. 30분 긱스가 위협적인 크로스를 올렸고, 35분 베컴의 날카로운 패스에 이은 반 니스텔로이의 슈팅이 나왔다. 그리고 후반 39분 왼쪽 측면에서 환상적인 드리블 돌파 후에 이어진 반 니스텔로이의 슈팅이 레알 선수에 맞고 흘러나온 것을 베컴이 밀어 넣으면서 역전에 성공한다. 그 후 결국 더 이상 득점이 나오지는 않았지만 양 팀 모두 끝까지 최선을 다하는 모습을 보여주며 명승부를 연출했다. {4-3 (합계스코어 5-6)}

맨유가 2차전에서 4-3으로 극적인 승리를 이뤘지만 합계 스코어 5-6으로 레알마드리드가 4강에 진출한다.

5. 2004/2005 유럽 챔피언스리그 결승전
AC밀란 VS 리버풀

> ◈ 경기정보
>
> 경기장 : 아타튀르크 올림픽 스타디움 (터키)
>
> 주심 : 메스첼 곤잘레스 (스페인)

팀 브리핑

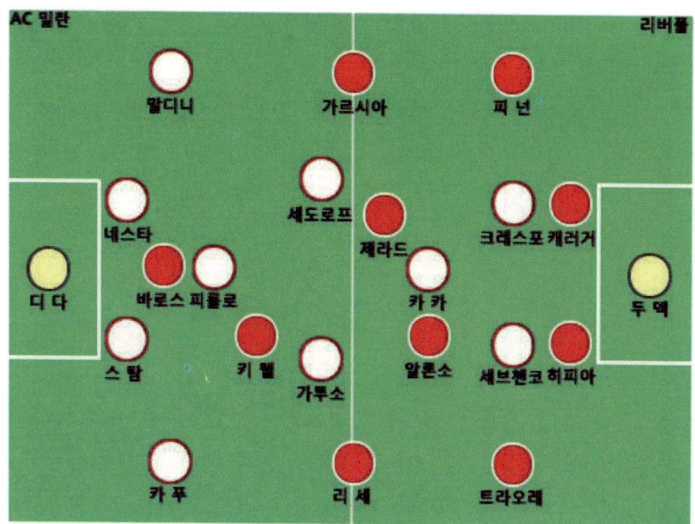

양 팀의 선발라인업

유럽 최정상의 전력을 갖춘 AC밀란. 골키퍼부터 공격수까지 모든 포지션에서 유럽 최고 수준의 선수들을 보유하고 있었다. 더욱 무서운 점은 AC밀란의 선수들이 모두 최고의 컨디션을 유지하고 있다는 것이었다.

리버풀은 AC밀란과 비교해 상대적으로 부실한 전력을 갖추고 있었다. AC밀란에 비해 양적으로도, 질적으로도 부족한 스쿼드를 갖춘 리버풀은 설상가상 지브릴 시세, 해리 키웰 등이 부상의 여파로 컨디션을 유지하지 못하게 되면서 불안한 라인업을 결승전에 내보내야 했다.

누구의 징크스가 깨질 것인가!?

90년대 이후 하얀색 유니폼을 입으면 매번 유럽 챔피언스리그 우승 트로피를 들어 올렸던 AC밀란이었고, 리버풀 역시 유럽 챔피언스리그 결승전에서 빨강색 유니폼을 입기만 하면 언제나 유럽 챔피언스리그 우승 트로피를 들어 올린 기분 좋은 징크스를 가지고 있었다. 본래 홈팀으로 배정받은 AC밀란이 특유의 홈 유니폼을 입어야만 했지만 양 팀의 경기 전 상호합의로 AC밀란은 하얀색 유니폼을, 리버풀은 빨강색 유니폼을 입고 과거의 기분 좋은 추억을 되살리려 한 것이 바로 그 때문이었다. 과연 누구의 징크스가 깨질 것인가!?

이스탄불의 기적

예상대로 경기는 AC밀란의 주도로 진행되었다 경기가 시작되기 전, 축구 전문가들과 열광적인 축구팬들은 전력상 우위를 가지는 AC밀란의 우승을 점쳤다. 그리고 경기가 시작되자 그들의 예상은 맞아 떨어지는 듯 했다. 전반 1분 만에 피를로의 프리킥을 말디니가 헤딩슛으로 연결하면서 AC밀란이 1-0으로 앞서기 시작한 것. 그 후로도 카카, 셰브첸코, 크레스포가 중심이 된 밀란의 공격진은 리버풀의 느린 센터백들을 공략했다. 리버풀은 오프사이드 트랩을 잘 활용하면서 위기를 벗어나는 듯 했으나 결국 전반 38분과 42분,

크레스포에게 연속골을 내주면서 3-0으로 뒤졌다. 전반전이 끝나고 리버풀의 선수들은 고개를 숙인 채 라커룸으로 들어와야만 했다.

선수들을 일깨우는 베니테즈의 라커룸 대화

Don't let your heads drop.
네 머리를 떨구지 말아라

All the players who will get on the pitch after half-time have to keep their heads held high.
하프 타임 이후로 피치에 올라갈 모든 선수들은 머리를 높게 들어야 한다.

We are Liverpool, you are playing for Liverpool.
우리는 리버풀이고, 너는 리버풀을 위해 뛰는 것이다.

Do not forget that.
그것을 잊지 말아라.

You have to hold your heads high for the supporters.
서포터들을 위해 머리를 높게 들어야만 한다.

You have to do it for them.
그들을 위해 해내야만 한다.

You cannot call yourselves Liverpool players if you have your heads down.

만약 고개를 떨군다면 자신을 리버풀 선수라 부를 수 없을 것이다.

If we create a few chances we have the possibility of getting back into this.
만약 우리가 몇몇 찬스를 만든다면, 우리는 만회할 수 있는 가능성을 얻는 것이다.

Believe you can do it and we will.
우리가 할 수 있다고 믿으면, 우리는 그렇게 할 것이다.

Give yourselves the chance to be heroes
영웅이 될 기회를 잡아라.
　-고개를 숙인 리버풀 선수들을 향한 베니테즈 감독의 말

Mission impossible is accomplish 라파엘 베니테즈의 라커룸 대화 후, 리버풀에게 기적 같은 일이 일어난다. 후반 8분 '캡틴' 스티븐 제라드가 만회골을 터트리고 그 2분 뒤 스미체르가 중거리슛으로 한 점을 더 따라가더니, 후반 15분 AC밀란 골키퍼 디다가 막아낸 페널티킥을 알론소가 재차 골문 안으로 차 넣으면서 동점에 성공한 것. 리버풀은 0-3으로 뒤지던 게임을 불과 7분 만에 원점 상태로 돌려놓았다.

리버풀의 드라마는 해피엔딩! 그 후 양 팀은 연장전에서도 승부를 가리지 못했고, 결국 승부차기에 돌입하게 된다.

AC밀란 (2)	리버풀 (3)
세르징요 실패	하만 성공
피를로 실패	시세 성공
욘 달 토마손 성공	리세 실패
카카 성공	스미체르 성공
셰브첸코 실패	-

 결국 리버풀이 AC밀란을 승부차기 끝에 꺾으면서 빅이어를 들어 올리게 된다. 리버풀의 이 기적 같은 승리는 이스탄불의 기적이라 불리며 전설로 남게 된다.

부록.
유럽챔피언스 리그의
각종 기록

유럽 챔피언스리그의 각종 기록

1. 역대 챔피언스리그 결승전

유러피언 컵 출범

- 1955-1956, 프랑스 파리, 파르크 데 프랑스
  레알마드리드 [4 - 3] 스타드 드 렝스

- 1956-1957, 스페인 마드리드, 산티아고 베르나베우
  레알마드리드 [2 - 0] 피오렌티나

- 1957-1958, 벨기에 브뤼셀, 헤이젤 스타디움
  레알마드리드 [3 - 2] AC밀란

- 1958-1959, 독일 슈투트가르트, 네카어슈타디온
  레알마드리드 [2 - 0] 스타드 드 렝스

· 1959-1960, 영국 스코틀랜드 글래스고, 햄프던 파크
레알마드리드 [7 - 3] 프랑크푸르트

· 1960-1961, 스위스 베른, 반크도르프 스타디움
벤피카 [3 - 2] 바르셀로나

· 1961-1962, 네덜란드 암스테르담, 올림픽 스타디움
벤피카 [4 - 3] 레알마드리드

· 1962-1963, 영국 잉글랜드, 런던 웸블리
AC밀란 [2 - 1] 벤피카

· 1963-1964, 오스트리아 비엔나, 에른스트 하펠 슈타디온
인터밀란 [3 - 1] 레알마드리드

· 1964-1965, 이탈리아 밀라노, 주세페 메아차
인터밀란 [1 - 0] 벤피카

· 1965-1966, 벨기에 브뤼셀, 헤이젤 스타디움
레알마드리드 [2 - 1] FK 파르티잔

· 1966-1967, 포르투갈 리스본, 나시오날 경기장
셀틱 [2 - 1] 인터밀란

❖ 1967-1968, 영국 잉글랜드, 런던 웸블리
맨체스터 유나이티드 [4 - 1] 벤피카

❖ 1968-1969, 스페인 마드리드, 산티아고 베르나베우
AC밀란 [4 - 1] 아약스

❖ 1969-1970, 이탈리아 밀라노, 주세페 메아차
페예노르트 [2 - 1] 셀틱

❖ 1970-1971, 영국 잉글랜드, 런던 웸블리
아약스 [2 - 0] 파나티니아코스

❖ 1971-1972, 네덜란드 페예노르트, 데 쿱
아약스 [2 - 0] 인터밀란

❖ 1972-1973, 세르비아 베오그라드, 츠르베나 즈베즈다
아약스 [1 - 0] 유벤투스

❖ 1973-1974, 벨기에 브뤼셀, 헤이젤 스타디움
바이에른 뮌헨 [1 - 1 재경기 4-0] AT마드리드

❖ 1974-1975, 프랑스 파리, 파르크 데 프랭스
바이에른 뮌헨 [2 - 0] 리즈 유나이티드

- 1975-1976, 영국 스코틀랜드 글래스고, 햄프든 파크
  바이에른 뮌헨 [1 - 0] AS 생테티엔

- 1976-1977, 이탈리아 로마, 올림픽 스타디움
  리버풀 [3 - 1] 보루시아 뮌헨글라드바흐

- 1977-1978, 영국 잉글랜드, 런던 웸블리
  리버풀 [1 - 0] 클럽 브뤼헤

- 1978-1979, 독일 베를린, 올림피아스타디온
  노팅엄 포레스트 [1 - 0] 말뫼FF

- 1979-1980, 스페인 마드리드, 산티아고 베르나베우
  노팅엄 포레스트 [1 - 0] 함부르크

- 1980-1981, 프랑스 파리, 파르크 데 프랭스
  리버풀 [1 - 0] 레알마드리드

- 1981-1982, 네덜란드 페예노르트, 데 쿱
  아스톤 빌라 [1 - 0] 바이에른 뮌헨

- 1982-1983, 그리스 아테네, 스피로스 루이스 올림픽경기장
  함부르크 [1 - 0] 유벤투스

❖ 1983-1984, 이탈리아 로마, 올림픽 스타디움
  리버풀 [1 - 1 PK 4-2] AS로마

❖ 1984-1985, 벨기에 브뤼셀, 헤이젤 스타디움
  유벤투스 [1 - 0] 리버풀

❖ 1985-1986, 스페인 세비야, 라몬 산체스 피스후안 경기장
  슈테아우어 [0 - 0 PK 2-0] 바르셀로나

❖ 1986-1987, 오스트리아 비엔나, 프라터 스타디움
  FC **포르투** [2 - 1] 바이에른 뮌헨

❖ 1987-1988, 독일 슈투트가르트, 네카어슈타디온
  PSV **아인트호벤** [0 - 0 PK 6-5] 벤피카

❖ 1988-1989, 스페인 바르셀로나, 캄프 누
  AC**밀란** [4 - 0] 슈테아우어

❖ 1989-1990, 오스트리아 비엔나, 프라터 스타디움
  AC**밀란** [1 - 0] 벤피카

❖ 1990-1991, 이탈리아 바리, 산 니콜라 스타디움
  레드스타 베오그라드 [0 - 0 PK 5-3] 마르세유

❖ 1991-1992, 영국 잉글랜드, 런던 웸블리
바르셀로나 [1 - 0] 삼프도리아

UEFA 챔피언스리그 출범

❖ 1992-1993, 독일 뮌헨, 올림피아 슈타디온
마르세유 [1 - 0] AC밀란

❖ 1993-1994, 그리스 아테네, 스피로스 루이스 올림픽 경기장
AC밀란 [4 - 0] 바르셀로나

❖ 1994-1995, 오스트리아 비엔나, 에른스트 하펠 스타디움
아약스 [1 - 0] AC밀란

❖ 1995-1996, 이탈리아 로마, 올림픽 스타디움
유벤투스 [1 - 1 PK 4-2] 아약스

❖ 1996-1997, 독일 뮌헨, 올림피아슈타디온
도르트문트 [3 - 1] 유벤투스

❖ 1997-1998, 네덜란드 암스테르담, 암스테르담 아레나
레알마드리드 [1 - 0] 유벤투스

❖ 1998-1999, 스페인 바르셀로나, 캄프 누
맨체스터 유나이티드 [2 - 1] 바이에른 뮌헨

❖ 1999-2000, 프랑스 파리, 파르크 데 프랭스
　레알마드리드 [3 - 0] 발렌시아

❖ 2000-2001, 이탈리아 밀라노, 주세페 메아차
　바이에른 뮌헨 [1 - 1 PK 5-4] 발렌시아

❖ 2001-2002, 영국 스코틀랜드 글래스고, 햄프든 파크
　레알마드리드 [2 - 1] 레버쿠젠

❖ 2002-2003, 영국 맨체스터, 올드 트래포드
　AC밀란 [0 - 0 PK 3-2] 유벤투스

❖ 2003-2004, 독일 겔젠키르헨, 아레나 아우프 샬케
　FC **포르투** [3 - 0] AS모나코

❖ 2004-2005, 터키 이스탄불, 아타튀르크 올림픽 스타디움
　리버풀 [3 - 3 PK 3-2] AC밀란

❖ 2005-2006, 프랑스 파리, 파르크 데 프랭스
　바르셀로나 [2 - 1] 아스날

❖ 2006-2007, 그리스 아테네, 스피로스 루이스 올림픽 경기장
　AC밀란 [2 - 1] 리버풀

- 2007-2008, 러시아 모스크바, 루즈니키 경기장
  맨체스터 유나이티드 [1 - 1 PK 6-5] 첼시

- 2008-2009, 이탈리아 로마, 올림피코 스타디움
  바르셀로나 [2 - 0] 맨체스터 유나이티드

- 2009-2010, 스페인 마드리드, 산티아고 베르나베우
  인터밀란 [2 - 0] 바이에른 뮌헨

- 2010-2011, 잉글랜드 런던, 웸블리
  바르셀로나 [3 - 1] 맨체스터 유나이티드

- 2011-2012, 독일 뮌헨, 알리안츠 아레나
  첼시 [1 - 1 PK 4-3] 바이에른 뮌헨

2. 최다 우승팀

1. 레알 마드리드 9회
2. AC밀란 - 7회
3. 리버풀 - 5회
4. FC바르셀로나, 바이에른 뮌헨, 아약스 - 4회

3. 우승팀 배출 국가

스페인 - 13회

잉글랜드, 이탈리아 - 12회
독일, 네덜란드 - 6회
포르투갈 - 4회
프랑스, 스코틀랜드, 세르비아, 루마니아 - 1회

4. 최다 출장 순위 (12. 7. 16 기준)

1. 라울 곤잘레스 (레알 마드리드, 샬케04) - 144경기
2. 라이언 긱스 (맨체스터 유나이티드) - 139경기
   파올로 말디니 (AC밀란) - 139경기
4. 클라렌스 세도르프 (레알 마드리드, 야약스, AC밀란, 인터밀란) - 130경기
5. 폴 스콜스 (맨체스터 유나이티드) - 128경기
   호베르투 카를로스 (인터밀란, 레알 마드리드, 페네르바체) - 128경기
7. 사비 에르난데스 (FC바르셀로나) - 126경기
8. 이케르 카시야스 (레알 마드리드) - 124경기
9. 안드리 셰브첸코 (디나모 키예프, AC밀란, 첼시FC) - 116경기
10. 카를레스 푸욜 (FC바르셀로나) - 115경기

5. 100경기 이상 출장 선수(UEFA 기타 컵대회 포함) - 19명(12. 7. 16 기준)

라울 곤살레스, 호베르투 카를루스, 안드리 셰브첸코, 파

올로 말디니, 데이비드 베컴, 올리버 칸, 루이스 피구, 클라렌스 세도르프, 라이언 긱스, 폴 스콜스, 티에리 앙리, 게리 네빌, 페르난도 모리엔테스, 이케르 카시야스, 사비 에르난데스, 카를레스 푸욜, 로아르 스트란드, 에드윈 반 데 사르, 하비에르 사네티

6. 원 클럽 출장 선수 - 10명 (12. 7. 16 기준)

파올로 말디니 (AC 밀란)
올리버 칸 (바이에른 뮌헨)
라이언 긱스 (맨체스터 유나이티드)
폴 스콜스 (맨체스터 유나이티드)
게리 네빌 (맨체스터 유나이티드)
이케르 카시야스 (레알 마드리드)
사비 에르난데스 (FC 바르셀로나)
카를레스 푸욜 (FC 바르셀로나)
로아르 스트란드 (로젠보리)
하비에르 사네티 (인테르)

7. 득점순위(12. 7. 16 기준)

1위 라울 곤잘레스 144경기 71골
2위 루드 반니스텔루이 81경기 54골
3위 티에리 앙리 114경기 51골
　　리오넬 메시 66경기 51골

5위 알프레도 디 스테파노 58경기 49골
6위 안드레이 셰브첸코 115경기 48골
7위 에우제비우 64경기 47골
8위 필리포 인자기 83경기 46골
9위 알레산드로 델피에로 96경기 42골
10위 크리스티아누 호날두 77경기 38골
11위 페렌츠 푸스카스 41경기 36골
　　디디에 드록바 61경기 36골
13위 게르트 뮐러 35경기 35골
14위 페르난도 모리엔테스 104경기 33골
15위 다비드 트레제게 61경기 32골
16위 프란시스코 헨토 89경기 31골
17위 로이 마카이 61경기 29골
　　즐라탄 이브라히모비치 29골
　　파트릭 클라위버르트 29골
20위 장 피에르 파팽 37경기 28골

8. 역대 팀 순위(12. 11. 11 기준)

1위 레알마드리드 347전 202승 60무 85패
2위 바이에른뮌헨 262전 144승 61무 57패
3위 바르셀로나 233전 134승 56무 43패
4위 맨체스터유나이티드 235전 132승 58무 45패
5위 AC밀란 231전 119승 58무 54패
6위 유벤투스 201전 100승 49무 52패

7위 리버풀 175전 99승 39무 37패
8위 벤피카 199전 93승 46무 60패
9위 디나모키예프 205전 91승 42무 72패
10위 인터밀란 166전 82승 44무 40패
11위 아약스 173전 82승 43무 48패
12위 FC포르투 183전 79승 44무 60패
13위 아스날 157전 78승 37무 42패
14위 셀틱 143전 69승 24무 50패
15위 안더레흐트 133전 66승 37무 70패
16위 첼시 118전 60승 35무 23패
17위 아인트호벤 149전 56승 33무 60패
18위 올림피크리옹 114전 55승 26무 33패
19위 크르베나즈베즈다 108전 55승 19무 34패
20위 스파르타프라하 134전 51승 27무 56패

9. 득점왕(92/93 유럽 챔피언스리그 개편 이후)

92-93 호마리오(PSV 에인트호벤)-7
93-94 윈턴 루퍼(베르더 브레멘)-8
       로날드 쿠만(FC바르셀로나)-8
94-95 조지 웨아(PSG)-7
95-96 야리 리트마넨(아약스)-9
96-97 밀린코 판티치(AT마드리드) -5
97-98 알렉산드로 델 피에로(유밴투스)-10
98-99 안드레이 셰브첸코(디나모 키예프)-8

　　　　드와이크 요크(맨유)-8
　　　　자르데우(FC 포르투)-8
99-00　히바우도(FC바르셀로나)-10
　　　　라울 곤잘레스(레알 마드리드)- 10
00-01　안드레이 셰브첸코(AC밀란)-9
01-02　루드 반 니스텔로이(맨유)-8
02-03　루드 반 니스텔로이(맨유)-12
03-04　페르난도 모리엔테스(AS모나코)-9
04-05　루드 반 니스텔로이(맨유)-8
05-06　안드레이 셰브첸코(AC밀란)-9
06-07　카카(AC밀란)-10
07-08　크리스티아노 호나우도(맨유)-8
08-09　리오넬 메시(FC바르셀로나)-9
09-10　리오넬 메시(FC바르셀로나)-8
10-11　리오넬 메시(FC바르셀로나)-12
11-12　리오넬 메시(FC바르셀로나)-14

10. 감독 성적

1위 밥 페이즐리 우승 3회
2위 알렉스 퍼거슨 우승 2회, 준우승 2회
　　미구엘 무뇨즈 우승 2회, 준우승 2회
3위 카를로 안첼로티 우승 2회, 준우승 1회
　　엘레니오 에레라 우승 2회, 준우승 1회
　　오즈마 히츠펠트 우승 2회, 준우승 1회

4위 아리고 사키 우승 2회
  조세 무리뉴 우승 2회
  펩 과르디올라 우승 2회
  델 보스케 우승 2회
  데트마르 크래머 우승 2회
  비아롱가 우승 2회
  카니글리아 우승 2회
  구트만 우승 2회
  브라이언 클러프 우승 2회
5위 마르셀로 리피 우승 1회, 준우승 3회
6위 루이스 반 할   우승 1회, 준우승 2회
  우도 라텍   우승 1회, 준우승 2회
  파비오 카펠로 우승 1회, 준우승 2회
7위 요한 크루이프 우승 1회, 준우승 1회
  라파엘 베니테즈 우승 1회, 준우승 1회
  존 스타인 우승 1회, 준우승 1회
  유프 하인케스 우승 1회, 준우승 1회
  리누스 미켈스 우승 1회, 준우승 1회
  트라파토니 우승 1회, 준우승 1회

11. 2012-2013 유럽 챔피언스리그 참가팀

파리 생제르망(프랑스)
FC포르투(포르투갈)
디나모 키예프(우크라이나)

디나모 자그레브(크로아티아)
샬케04(독일)
아스날(잉글랜드)
올림피아코스(그리스)
몽펠리에(프랑스)
말라가(스페인)
AC밀란(이탈리아)
제니트(러시아)
안더레흐트(벨기에)
도르트문트(독일)
레알 마드리드CF(스페인)
아약스(네덜란드)
맨체스터 시티(잉글랜드)
유벤투스(이탈리아)
샤흐타르 도네체크(우크라이나)
첼시FC(잉글랜드)
노르셸란(노르웨이)
바이에른 뮌헨(독일)
발렌시아(스페인)
바테(벨라루스)
릴(프랑스)
FC바르셀로나(스페인)
셀틱(스코틀랜드)
벤피카(포르투갈)
스파르타크 모스크바(러시아)

맨체스터 유나이티드(잉글랜드)
갈라타사라이(터키)
CRF 클루이(루마니아)
SC브라가(포르투갈)

12. 2012-2013 유럽 챔피언스리그 결과

조별리그

⚽ A조

1	파리 생제르망	5승 1패 14득점 3실점	승점 15점
2	FC 포르투	4승 1무 1패 10득점 4실점	승점 13점
3	디나모 키예프	1승 2무 3패 6득점 10실점	승점 5점
4	디나모 자그레브	1무 5패 1득점 14실점	승점 1점

⚽ B조

1	살케04	3승 3무 10득점 6실점	승점 12점
2	아스날	3승 1무 3패 10득점 8실점	승점 10점
3	올림피아코스	3승 3패 9득점 9실점	승점 9점
4	몽펠리에	2무 4패 6득점 12실점	승점 2점

⚽ C조

1	말라가	3승 3무 12득점 5실점	승점 12점
2	AC밀란	2승 2무 2패 7득점 6실점	승점 8점
3	제니트 상트페테르부르크	2승 1무 3패 6득점 9실점	승점 7점
4	안더레흐트	1승 2무 3패 4득점 9실점	승점 5점

⚽ D조

1	보루시아 도르트문트	4승 2무 11득점 5실점	승점 14점
2	레알 마드리드	3승 2무 1패 15득점 9실점	승점 11점
3	아약스	1승 1무 4패 8득점 16실점	승점 4점
4	맨체스터 시티	0승 3무 3패 7득점 11실점	승점 3점

⚽ E조

1	유벤투스	3승 3무 12득점 4실점	승점 12점
2	샤흐타르 도네츠크	3승 1무 2패 12득점 8실점	승점 10점
3	첼시FC	3승 1무 2패 16득점 10실점	승점 10점
4	노르셸란	1무 5패 4득점 22실점	승점 1점

⚽ F조

1	바이에른 뮌헨	4승 1무 1패 15득점 7실점	승점 13점
2	발렌시아	4승 1무 1패 12득점 5실점	승점 13점
3	바테 보리소프	2승 4패 9득점 15실점	승점 6점
4	릴	1승 5패 4득점 13실점	승점 3점

⚽ G조

1	FC바르셀로나	4승 1무 1패 11득점 5실점	승점 13점
2	셀틱FC	3승 1무 2패 9득점 8실점	승점 10점
3	SL벤피카	2승 2무 2패 5득점 5실점	승점 8점
4	스파르타크 모스크바	1승 5패 7득점 14실점	승점 3점

⚽ H조

1	맨체스터 유나이티드	4승 2패 9득점 6실점	승점 12점
2	갈라타사라이	3승 1무 2패 7득점 6실점	승점 10점
3	CRF 클루이	3승 1무 2패 9득점 7실점	승점 10점
4	SC브라가	1승 5패 5득점 7실점	승점 3점

16강전

16강 1차전	16강 2차전
셀틱 0-3 유벤투스	유벤투스 2-0 셀틱
발렌시아 1-2 PSG	PSG 1-1 발렌시아
샤흐타르 2-2 도르트문트	도르트문트 3-0 샤흐타르
레알 마드리드 1-1 맨유	맨유 1-2 레알 마드리드
포르투 1-0 말라가	말라가 2-0 포르투
아스날 1-3 바이에른 뮌헨	바이에른 뮌헨 0-2 아스날
갈라타사라이 1-1 샬케	샬케 2-3 갈라타사라이
AC밀란 2-0 바르셀로나	바르셀로나 4-0 AC밀란

8강전

8강 1차전	8강 2차전
PSG 2-2 바르셀로나	바르셀로나 1-1 PSG
바이에른 뮌헨 2-0 유벤투스	유벤투스 0-2 바이에른 뮌헨
말라가 0-0 도르트문트	도르트문트 3-2 말라가
레알 마드리드 3-0 갈라타사라이	갈라타사라이 3-2 레알 마드리드

준결승전

4강 1차전	4강 2차전
바이에른 뮌헨 4-0 바르셀로나	바르셀로나 0-3 바이에른 뮌헨
도르트문트 4-1 레알 마드리드	레알 마드리드 2-0 도르트문트

결승전 (독자여러분이 스코어를 기입해주세요!)

보루시아 도르트문트	VS	바이에른 뮌헨

13. 기타기록

- 역대 챔피언스리그 최다 우승 선수
  프란시스코 헨토 (레알 마드리드, 6회)

- 역대 최다 결승진출 감독
  구엘 무뇨스, (레알 마드리드, 4회)
  마르첼로 리피 (유벤투스 4회)
  알렉스 퍼거슨 (맨체스터 유나이티드 4회)

- 각기 다른 클럽에서 최다 우승한 선수
  클라렌스 시드로프 (3개 클럽 4회 우승, 아약스-레알 마드리드-AC밀란(2))

- 부자간 같은 클럽 주장으로 챔피언스리그 우승 기록
  체자르 말디니(AC밀란, 1962-1963)-파울로 말디니(AC밀란,2002-2003, 2006-2007)
  마뉴엘 산치스 마르티네즈(레알 마드리드, 1965-1966), 마뉴엘 산치스 혼티유엘로(레알 마드리드, 1997-1998, 1999-2000)

- 결승전 최고령 득점자
  파울로 말디니(AC밀란, 2005년 37세)

- 유럽 챔피언스리그 데뷔시즌 헤트트릭 기록
  마르코 반 바스텐(AC밀란), 파우스티누 아스프릴라(뉴캐슬), 야쿠부(마카이 하이파), 웨인 루니(맨체스터 유나이티드), 빈센초 이아퀸타(우디네세)

- 역대 챔피언스리그 결승전 헤트트릭
  알프레도 디 스테파뇨(레알 마드리드, 1959-1960), 페렌츠 푸스카스(레알 마드리드, 1961-1962), 프라티(AC밀란 1968-1969)

14. Q & A

Q 유럽 챔피언스리그 주제가는 무엇인가요?

A 유럽 챔피언스리그의 주제가는 "Ligye des champions"

로 토니 브리튼의 작품입니다. 독일어, 프랑스어, 영어로 녹음되었으며, 음악의 어머니 헨델의 사독 신부가 편곡한 것입니다. 영국왕 조지2세 대관식을 위해 제작되었으며 토니 브리튼에 의해 편곡되어 1992년부터 챔피언스리그 테마곡으로 사용되었습니다.

Q 유럽 챔피언스리그 결승전 경기장은 어떻게 선정되나요?

A 보통 2~3년 전에 개최 희망도시 신청을 받아 UEFA 총회를 통해 결정됩니다. 결승전 개최지를 신청하려면 자국 리그의 15개 팀 이상 동의가 필요하고, UEFA 40개 회원국(협회) 이상의 지지가 필수적입니다.

Q 결승전을 개최할 수 있는 기본적인 조건은 어떻게 돼나요?

A 개최지 신청 기준은 기본적으로 5만 이상 수용, 방송 카메라가 18대 이상 설치돼야 하고, 양쪽 골대 뒤편과 관중석 앞자리에는 150명의 사진기자를 위한 포토 섹션이 마련돼야 합니다. 또 경기장 조명 밝기는 1천 룩스 이하로 떨어지면 안되며, 매일 60편 이상의 비행기가 이착륙할 수 있는 국제공항이 있어야 하고, 숙박 시설도 객실 수가 1천개 이상인 5성급 호텔을 갖추고 있어야 합니다. 추가로 배수시설 화장실 상태, 도핑테스트 시설 등도 평가 대상이 됩니다.

Q 왜 유럽 챔피언스리그는 현지에서도 저녁에 열리나요?

A 유럽 챔피언스리그가 보통 수요일, 목요일에 열리기 때문입니다. 유럽에 사는 축구팬들도 직장이라는 게 있기에, 오후에 하면 경기를 시청할 수 있는 팬들의 폭이 좁아지죠. 그러기에 직장이 끝난 후 저녁에 유럽 챔피언스리그 경기를 펼칩니다.

Q 유럽 챔피언스리그 토너먼트에서 홈구장이 같은 팀이 만나면 원정다득점 원칙은 어떻게 처리하나요?

A 배정받은대로 원정다득점 원칙을 적용합니다. 2003년 질문하신 그런 예가 있었는데요, 02-03 유럽 챔피언스리그 4강전 AC밀란과 인터밀란이 만납니다. 대진표상 1차전은 AC밀란 홈, 2차전은 인테르 홈인 상황. (두 팀은 명칭만 산시로, 쥐세페 메아자로 나누어져 있을 뿐 경기장은 동일) 그리고 1차전 0-0, 2차전 1-1로 경기결과가 나옵니다. 결국, 인터밀란에게는 억울할 수도 있겠지만 1차전을 홈으로 배정받은 AC밀란이 결승전에 진출해 유벤투스를 꺾고 빅이어를 들어 올립니다.

Q 유로파리그를 출전했던 선수가 챔피언스리그에 출전할 수 있나요?

A 네. 출전할 수 있습니다. 단, 각 팀당 1명씩만 가능합니다.

Q. FFP란 무엇인가요?

A. UEFA FFP 룰 또는 UEFA 파이낸셜 룰, UEFA 재정 페어 플레이 룰은 구단이 자신들의 수익에 맞춰 운영하지 않을 경우 유럽 축구 연맹(UEFA) 주관 대회에 출전하지 못하게 하는 규칙입니다. 즉, 유럽의 각 구단과 클럽은 지출이 수익보다 많아서는 안 되며 구단주의 사적인 자금을 제한해 구단의 부실 경영을 막겠다는 UEFA의 정책으로 거대 자본에 유입된 팀들의 이적시장 횡포, 그로 인한 재정이 탄탄하지 못한 팀들의 피해를 줄이고자 하는 제도입니다.